큰글씨 대표기도

찬양예배+수요기도

한치호 목사의 다른 책들

성령님께 충만 읽는기도 70일, 2024
요절묵상 말씀기도 신약, 2024
요절묵상 말씀기도 구약(1-5권), 2023-2024
주기도문으로 기도합니다, 2022
십자가의 길 70일, 2022,
심령의 부흥, 읽는기도 91일, 2022
교회를 위한 읽는기도 91일, 2021
교회정착, 새신자 100일 기도문, 2020
헌신·절기·행사 대표기도문 77, 2019
기도, 처음인데 어떻게 하나요, 2019
잠언으로 자녀를 축복하는 읽는기도1, 2016
대심방 능력기도문, 2016
추모·장례 설교와 기도문, 2015
가족을 축복하는 읽는기도 100일, 2015

큰글씨 대표기도
찬양예배+수요기도

1판 인쇄일_ 2024년 2월 28일
1쇄 발행일_ 2024년 3월 6일

지은이_ 한치호
펴낸이_ 한치호
펴낸곳_ 종려가지
등록_ 제311 - 2014000013호(2014.3.21.)
주소_ 서울특별시 은평구 은평로14길 9 - 5
전화_ 02)359.9657
디자인 내지_구본일
디자인 표지_이순옥
제작대행_세줄기획(02.2265.3749)
영업대행_두돌비(02.964.6993)

값 8.000원

ISBN 979-11-90968-80-5

문서사역에 대한 질문은 모바일 010. 3738. 5307로 해주십시오.

큰글씨 대표기도
찬양예배+수요기도

한치호 목사 기도

문서사역
|종|려|가|지|

차례

큰글씨 대표기도

*

찬양예배+수요기도

1월 1주 - 신년주일

주일찬양예배

신년주일에 찬양을 드립니다. 하나님,
1월, 첫째 주일을 주셔서 주일을 거룩하게 지키던 중에, 지금은 찬양 예배로 나왔습니다. 저희들을 죽음에서 건져 주신 주님의 이름을 예배합니다. 이 거룩한 날에도 주님의 팔에 의지해서만 살 수 있음을 예배로 고백하게 하시옵소서.
예배로 한 해를 시작하는 성도들의 심령에 은혜로 충만하게 하시옵소서. 오늘, 여호와께 복된 해의 첫째 주일을 지켰으니, 하나님의 은혜로 1년 52 주일을 성수하기 원합니다. 금년의 열두 달, 52 주일에 하나님은 영광의 주인이 되시고, 저희들의 삶을 주관해주시옵소서.
이 시간에, 제일 먼저 간구하오니, 죄악 된 행실을 용서해주시옵소서. 마음으로는 주님을 사랑하지만, 아직도 옛사람의 행실을 끊지 못하는 연약함을 용서해주시옵소서. 불쌍히 여겨 주시옵소서. 다시는 이 죄에 묶이지 않게 해주시기를 빕니다.
하나님의 종, 목사님을 세워주심에 감사드립니다. 종을 통해서 전해지는 말씀에 순종하게 하시옵소서. ○○성가대원들이 성령님께 감동되어 드리는 찬양으로 온 교회에 영광이 넘치기를 원합니다.
힘을 다하여 여호와를 섬기고, 맡겨진 직무에 충성하게 하시옵소서. 저의 기도와 헌신으로 주님의 교회를 더욱 교회답게 하고, 생명의 열매가 맺어지는 은혜를 보게 하시옵소서. 저의 봉사를 통해서 천국 창고에 보화를 쌓도록 이끌어 주시옵소서.
저희들은 주님을 끝까지 사랑하고 영원토록 따르기를 원합니다. 이 믿음을 더욱 강하게 붙들어 주시옵소서. 이 믿음으로 세상을 이기고, 마귀의 유혹도 물리치게 하시옵소서. 저희들의 연약함을 사탄에게 내어주지 않도록 강하고 담대하게 하시옵소서.
○○의 권속에게 성령님의 충만하심으로 묵은 땅을 기경하는 은혜를 주시옵소서. 세상 속에 묻혀 지내면서 자신도 모르게 딱딱해진 심령을 성령님으로 갈아지는 은혜를 소망합니다. 하나님의 말씀을 받을 만한 좋은 심령이 되고, 거기에 말씀을 사모하게 하시옵소서.
예수님의 이름으로 기도드립니다. 아멘.

수요기도회

하나님 아버지,
새해를 맞이하여 첫째 주간을 살다가 첫 삼일기도회에 나왔습니다. ○○의 권속에게 여호와를 향해서 평생을 노래하려는 마음을 품게 하시옵소서. 때를 따라 도우시는 손길에 찬양을 드리게 하시옵소서.
주님께서 주신 것을 사용하는 삶을 살면서도 내 것처럼 욕심을 내며 지냈던 죄를 용서해주시옵소서. 저희들의 회개를 받아주시고 의롭게 하시는 은혜의 옷을 입게 하시옵소서.
○○교회가 날로 부흥되고 있음에 감사드립니다. 주님의 은혜에 감사하면서 순종하여 섬기는 종들로 삼아 주시옵소서. 이로써 온

교회를 부흥시키고, 여호와의 영광을 드러내는 봉사가 되게 하시옵소서.
저희가 세상을 힘으로 이기는 것이 아니라 하나님의 말씀으로, 하나님의 권세로, 하나님의 능력으로 이길 수 있도록 저희에게 강하고 담대한 믿음을 갖도록 복을 주신 줄로 믿습니다. 이제, 이 복을 사용하게 하시옵소서. 성도의 직분을 감당하고, 주님의 성품을 닮아서 지내게 하시옵소서.
이로써, 담임 목사님의 목회 비전에 뜻을 같이하여, 이 지역에서 교회의 사명을 이루는데 앞장서는 은혜를 주시옵소서. 하나님께 충성스런 종들이 되어서 교회 안에서는 성도들을 잘 대접하고, 교회가 해야 할 일에 먼저 나서도록 하시옵소서.
오늘도 목사님께서 전해주시는 말씀에 감격하는 은혜를 누리게 하시옵소서. 한 마디, 한 마디의 말씀에서 진리를 구하게 하시고, 지키고 따를 생명의 길로 받게 하시옵소서. 그 말씀이 기도하러 모인 저희들에게 힘이 되어 부르짖게 하시옵소서.
이 시간에, 선교사님들이 온 땅에 퍼져 있는 민족들에게 복음을 전하실 때, 함께 해주시옵소서. 그들이 전하는 복음으로 주님의 잃어버린 양들을 돌아오게 하시옵소서. 복음을 전파하는 그들을 보호하여 주시고, 모든 환란 중에서 인도해주시옵소서.
우리에게 있는 모든 것이 하나님께로 말미암았음인데 주신 이에게 감사할 줄 몰랐던 죄를 용서해주시옵소서. 여호와의 은택을 헤아리지 않았고, 감사하지 못했던 삶을 고백합니다. 감사를 구별해서 하나님의 영광을 구하도록 인도해주시옵소서.
예수님의 이름으로 기도드립니다. 아멘.

1월 2주

주일찬양예배

온 땅에 충만하신 하나님,

거룩한 주일의 오후에, 나의 주인이 되시는 하나님을 경배합니다. 여호와는 우리의 주이심을 고백하여 예배를 드립니다. 거룩한 아침에 홀로 영광을 받으시고, 그 이름을 세상 만방에 널리 알리시옵소서.

전에는 죄인이었음에도 주 예수님의 피가 죄를 없애주셔서 결코 정죄함이 없는 삶을 살게 하시는 하나님의 은혜에 영광을 바칩니다. 온 영과 혼과 몸이 우리 주 예수 그리스도 강림하실 때에 흠 없게 보전되도록 죄악 된 행실로부터 지켜 주시니 영광을 받으시옵소서.

지금, 하나님의 말씀을 듣게 하시니 감사합니다. 말씀을 전해주시려고 준비하신 목사님께 성령님의 기름 부으심과 능력을 더하여 주시옵소서. 선포되는 말씀에 하나님은 영광을 받으시고, 저희들은 더욱 겸손히 무릎을 꿇게 하시옵소서. 들려주시는 말씀 한 마디도 땅에 떨어지지 않고, 마음 밭에 새겨져 열매를 맺게 하시옵소서.

노아가 믿음으로 경고를 받아들여서 심판을 면할 수 있었던 것처럼, 저희들은 성경의 말씀을 지키고 순종함으로써 심판을 받지 않게 하시옵소서. 여호와 앞에서 노아의 믿음을 본받아 신앙의 방주를 예비해하도록 이끌어 주시옵소서.

세상을 섬기는 교회가 되게 하심을 감사드립니다. 우리 ○○의 모든 성도들이 하나님을 기쁘시게 해드리는 교회를 이루고자 기도하도록 무릎을 꿇게 하시옵소서. 이 교회가 이 땅에서 이루시려는 하나님의 뜻에 순종하도록 저희들에게 성령님으로 충만하게 하시옵소서. 지역사회를 섬기면서 빛과 소금으로서의 사명을 감당하게 하시옵소서.

오늘, 교회의 부흥을 소망하는 중에, ○○의 지체들이 먼저 심령이 살아나는 것을 경험하게 하시옵소서. 저희들 각 사람을 성령님께로 충만하게 하셔서 교회에 성령님의 열매들이 맺어지게 하시옵소서. 이로써 교회가 부흥하는 은혜에 들어가게 하시옵소서. 그리하여 우리 교회가 성령님의 역사로 충만한 공동체가 되기를 빕니다.

예수님의 이름으로 기도드립니다. 아멘.

수요기도회

하나님 아버지,

삼일 밤에 모인 저희들의 혀에 찬양이 가득 차게 하시옵소서. ○○의 지체들에게 여호와의 이름을 찬송하는 은혜가 그치지 않게 하시옵소서. 지나온 삼일 동안에도 지켜주신 하나님의 자비하심을 찬미하게 하시옵소서.

새해를 시작하신 하나님의 영광에 합당한 경배를 드리고자 예배하러 머리를 숙였습니다. 이 밤에 머리를 숙일 때, 죄가 눈 앞을 가리고 있습니다. 하나님의 영광을 막는 것을 알면서도 순간의 욕심에 죄를 지은 것이 있습니다. 저희들의 모든 죄를 자복하고 회개하오니 주님의 깨끗케 하시는 보혈로 씻음 받게 하시옵소서.
이 시간에, 하나님의 인도하시는 음성을 듣고 순종하도록 하시는 은혜를 주시옵소서. 새해 첫날을 맞이해서 하나님의 이름은 높임을 받으시고, 복스러운 시간의 삶으로 들어가게 하시옵소서. 여호와 우리 하나님의 이름을 찬송하며 살아가기 원합니다.
말씀을 듣고 단 위에 서신 목사님과 함께 하셔서 능력의 말씀을 전하실 수 있도록 인도해주시옵소서. 그 말씀이 듣는 순간에 저희들의 마음에 새겨지기 원합니다. 저희들의 심령이 뜨겁게 반응되도록 은혜를 내려주시고, 열매를 맺게 하시옵소서.
오늘, 하나님의 마음에 합한 한 해를 살고자 하는 결단의 은혜를 주시옵소서. 천국 백성으로서 살아가기를 다짐하게 하시옵소서.
천국을 그리워하면서도, 삶의 터전으로 주신 이 땅을 사랑하는 데 소홀했음을 고백합니다. 민족을 아끼지 못했으며, 그들을 위하여 기도하지 못한 죄를 용서해주시옵소서. 국가와 사회를 사랑하겠습니다. 세상의 권세에 순종하고, 권세 잡은 자들을 위해 기도하게 하시옵소서.
우리 교회를 고통을 받는 이웃을 섬기는 자원봉사에 적극적으로 나서는 ○○교회로 이끌어 주옵소서. 외면당하고 멸시받는 가난한 이들과 어울리시며 은혜를 베푸셨던 주님, 주님의 그 모습을 본받아 도움이 필요한 곳에 적극적으로 참여하게 하시옵소서. 가난한 이웃을 돌아보지 못하는 풍조 속에서 성도로서의 봉사와 공생의 삶으로 지내게 하시옵소서.

예수님의 이름으로 기도드립니다. 아멘

1월 3주

주일찬양예배

하나님 아버지,

주일을 하나님께 드려 이 날에 영광을 바치게 하셨습니다. 주일예배의 감격을 가슴에 안고 다시 모여서 찬양으로 나아갑니다.

지나 온 시간, 저희들이 마음을 다하고 목숨을 다하고 뜻을 다하고 힘을 다하여 하나님을 사랑하지 못하였음을 용서해주시옵소서. 또한, 이웃을 자신의 몸과 같이 사랑하지 못하였음을 회개합니다.

저희들의 영혼이 늘 살아 계신 하나님을 갈망하게 하시옵소서. 사슴이 시냇물을 찾기에 갈급함 같이 저희들의 영혼이 주님을 찾기에 갈급하게 하시옵소서. 물이 없어 마르고 곤핍한 땅에서 물을 갈망하듯이 저희들의 메마른 영혼이 주님을 갈망하게 하시옵소서.

오늘도 푸른 초장의 은혜를 경험하기 원합니다. 생명의 말씀을 듣게 하시옵소서. 선지자의 가슴으로 말씀을 외치시는 목사님을 성령님께서 붙들어 주시기를 빕니다. 그 말씀을 귀하게 여겨 마음으로 받아 가르침을 그대로 지키겠다는 각오를 갖게 해주시옵소서.

저희들은 하나님 앞에서 열매를 맺기 원합니다. 금년의 시간을 보내면서 때를 따라 맺어야 할 열매들로 여호와를 영화롭게 해드리게 하시옵소서. 착하고 충성된 종이라는 칭찬을 받게 하시옵소서.

○○의 권속에게 성령님의 충만하심을 사모하게 하시고, 하나님의 영의 인도를 받게 하시옵소서. 언제라도 원수에게 마음을 내어 놓

지 않고, 마귀가 미혹하여 가라지를 심지 않도록 막아 주시옵소서. 오늘도 하나님의 말씀이, 찬양을 드리는 한 시간이 위로가 되고, 즐거움이 되기를 원합니다. 은혜와 진리 안에서 십자가를 지고 인내의 힘과 변하지 않는 믿음으로 그리스도를 따르게 하시옵소서. 그러니, 주님을 뵈옵는 눈을 뜨게 하시옵소서. 주님의 사랑으로 저희들의 심령을 이끌어 주시옵소서. 더 이상 흔들리지 않으며. 불신앙의 죄에서 떠나 믿음 안에서 머무르게 하시옵소서. 주님을 향한 마음을 뜨겁게 하시고, 임마누엘의 신앙으로 이기도록 이끌어 주시옵소서.

예수님의 이름으로 기도드립니다. 아멘.

수요기도회

하나님 아버지,

천국의 자녀 됨을 누리면서 하나님과의 만남을 경험하는 복을 생각합니다. 인생의 죄를 속하시고, 구원의 은혜를 누리게 하셨음에 그 이름을 높여 찬송을 드리게 하시옵소서.

오직 마음을 다 드리는 지금, 감사로 제사하는 저희들이 되어 여호와의 영광을 인정하게 하시옵소서. 그리하여 세상의 일을 위하여 일을 하신 하나님의 손길을 찬양하는 복된 예배로 인도해주시옵소서. 땅을 물 위에 펴시듯이, 그 능력으로 보호해 주셨음에 감사의 찬양을 올려드리니 받아주시옵소서.

○○의 권속에게 하나님의 자비하심으로 은혜를 누릴 뿐이니, 교만하지 않게 하시옵소서. 혹시 저보다 먼저, 예수님을 구주로 영

접한 이들에 대하여 똑같이 여기는 교만을 부리지 않게 하시옵소서.

저희들에게 주어진 시간을 아껴 쓰고, 돈을 허비하거나 낭비하지 않도록 하심을 믿습니다. 건강을 위하여 절제 있는 생활을 하고, 모든 일이 어제보다 오늘이 더 발전하고 유익한 삶이 되도록 노력하는 것을 보여드리게 하시옵소서. 생업으로 주신 삶의 자리에서 하나님의 말씀을 늘 묵상하며 기도하게 하시옵소서.

목사님을 세워 말씀을 주시니 감사드립니다. 영생의 말씀으로 저희를 변화시켜 주시옵소서. 말씀이 살아있는 ○○ 교회와 성도가 되도록 인도해주시옵소서.

오늘, 우리 안에서 정직한 영을 창조하시옵소서. 자신을 속이지 아니하는 진실한 마음을 허락하여 주시옵소서. 언제나 예수님의 밝은 빛 가운데서 살아가는 소망의 한해를 저희 모두에게 주시옵소서. 자기 백성에게 선대하심이 날마다 저의 삶에 넘치게 하시고, 여호와의 후대하심을 기다리게 하시니 감사드립니다.

이 시간에도 병에 짓눌려 고통을 겪고 있는 지체의 기도를 들어주시옵소서. 병상을 적시는 안타까운 눈물을 보아 주시옵소서. "내가 너를 낫게 하리니"라는 음성을 들려주시옵소서. 모든 병과 그 근원을 나사렛 예수 이름으로 깨끗하게 치료하여 주시옵소서.

가난한 이웃들이 우리 곁에 있으니, 그들을 돌아보게 하시옵소서. 하나님께서 주신 재물을 이웃에게 나누는 삶을 살겠습니다. 형제 중 곤란한 자와 궁핍한 자에게 손을 펴게 하시옵소서.

예수님의 이름으로 기도드립니다. 아멘.

1월 4주

주일찬양예배

하늘에 계신 아버지여,

한 날을 구별하여 성일로 정해주신 날을 지켰습니다. 이 시간에, 다시 모여 예배하기 원하니 영광을 드리게 하시옵소서. 본래 죄인이었던 인생들, 의로움을 입어서 주님께로 나아가도록 인도해주시옵소서. 스스로 정결하게 하고 나온 성도들에게 복을 내려주시옵소서.

주님을 영접하여 구원에 이르게 하시고, 천국의 일꾼이 되려는 소망으로 풍성하게 하셨음에 감사드립니다. 이 시간에, 배가 고픈 이들에게 그들의 원대로 먹을 것을 주신 예수님을 묵상합니다. 아울러 주님께 도시락을 드린 어린 아이를 생각합니다.

주님의 일을 위해서 자신의 도시락을 드린 어린 아이의 은혜를 ○○의 권속에게 자신의 것으로 삼게 하시옵소서. 하나님의 일을 하심에 저를 드려서 쓰임이 되기를 빕니다.

저희들에게 생명의 말씀으로 은혜를 내려 주시옵소서. 목사님께서 대언하시려고 준비하신 말씀을 아멘으로 받으며, 말씀에 순종하고자 하는 다짐이 있기 원합니다. 목사님께서 말씀을 대언하실 때, 저희들의 심령이 뜨겁게 되기를 소원합니다. 그 말씀으로 잠자던 영혼이 깨어나게 하시고, 육으로 치우쳤던 생각을 영으로 돌려주시옵소서.

주님의 피가 이곳에 뿌려져 교회가 세워지고 지금까지 그리스도를 전하게 하셨습니다. 신앙의 선배들이 주님을 그리스도라 전했는데 저희도 충성을 다하는 후배가 되어 거룩한 대열을 잇게 하시옵소서.
저희 교회의 각 기관들이 활성화되어 부흥케 하시고 성결운동으로 세상에 본이 되게 하여 주시기를 원합니다. 영혼구령을 위해 세우신 주님의 교회를 기억하게 하시옵소서. 사랑하는 교우들에게 심령으로 부흥케 하시며, 말씀으로 충만케 하시고, 기도로 하늘 문을 열며, 헌신으로 주님께 인정받게 하여 주시옵소서.
천국백성으로 구별된 저희들, 죄를 멀리하고, 마귀의 유혹을 물리치며, 자신과 싸워서 이기는 오늘이 되게 하시옵소서. ○○교회의 권속은 어디에서, 무엇을 하든지 십자가의 군사가 되게 이끌어 주시옵소서. 하나님의 사람으로 세상에서 담대하게 하시옵소서.
예수님의 이름으로 기도드립니다. 아멘.

수요기도회

하나님 아버지,
저희들을 돌아볼 때, 하나님의 사람으로 살지 못한 죄를 고백합니다. 하나님을 주목하지 못하고, 자신의 생각에 따라 지냈습니다. 하나님의 평화와 질서를 선포해야 함에도 불구하고 많은 핑계와 게으름 속에서 무책임한 삶을 살았습니다. 모든 죄를 용서해주시옵소서.
하나님의 생명에서 떠나 있었던 저를 불쌍히 여겨주신 은혜를 새롭게 하기 원합니다. 그 은혜로 하나님이 없이 지내던 저를 깨워

주셨습니다. 하나님께 대하여 무관심하였고, 진리를 깨달으려 함에 무지하였습니다. 보혈의 공로를 받아들이게 하시고, 천국을 사모하게 하시옵소서.

강단에 계신 목사님께 성령님의 권능을 더하여 주시옵소서. ○○의 지체들에는 겸손한 마음으로 하나님의 사자의 입술에 의해 생명과 진리의 말씀을 듣게 하시옵소서. 대언되는 하나님의 명령에 순종하여 지키게 하시옵소서.

○○의 권속에게 부활에 보증이 되시는 예수님을 사랑하게 하시옵소서. 주님의 부활로, 영생의 보증이 되셨음을 확신합니다. 저희들에게 부활의 신앙이 있기에, 죽음도 두려워하지 않게 하심을 믿습니다.

저희들의 연약함을 아시고 성령님을 허락하신 하나님 감사합니다. 저희들에게 담대히 세상을 이기도록 축복하여 주시옵소서. 저희들이 낮아지게 하시고, 저희의 어리석음 가운데 지혜롭게 하시옵소서.

영에 속한 삶보다는 육에 속한 것에 마음을 빼앗기고 살았음을 고백합니다. TV와 인터넷, 달콤한 세상 문화에 마음을 빼앗겨 세상의 가치관에 물들었음을 용서해주시옵소서. 신령한 삶을 사모하겠습니다. 무릇 지킬만한 것보다 더욱 마음을 지키는 은혜를 갖게 하시옵소서.

늘 주님의 피 뿌린 옷을 믿음으로 입는 저희들이 되기를 원합니다. 십자가를 마음의 중심에 두는 삶으로 인도하시옵소서.

예수님의 이름으로 기도드립니다. 아멘.

2월 1주

주일찬양예배

2월 첫 주일을 맞이하니 감사합니다. 하나님,
크신 은혜로 저희들에게 야곱의 하나님을 자기 도움을 삼게 하셨으니 감사드립니다. 이제, 하나님은 저희들의 주인이십니다. 이 거룩한 시간에, 주인이 되시는 하나님을 경배합니다.
나의 노래가 되어 주신 여호와를 가까이 하며, 그의 인자하심을 기다리게 하시니 감사드립니다. 예수님께서 제자들에게 권세를 주셨듯이, 저에게도 그 능력이 있음을 묵상합니다. 하늘의 능력을 행사하며, 전도자로 살아가지 못한 자신을 부끄러워하게 하시옵소서.
오늘, 저희들을 주목하시는 하나님을 바라게 하시옵소서. 그리고 훈계하시는 그 음성을 듣게 하시옵소서. 그래서 그 가르침 앞에서 아브라함의 하나님께 절대 순종하는 믿음을 배우게 하시옵소서.
설교를 준비하신 목사님께 힘을 더하셔서 권세 있는 말씀을 선포할 수 있게 하옵소서. 그 말씀에 의해 더욱 하나님께로 나아가게 하시옵소서. 복음을 듣고, 믿음에 이르는 생명들을 보여 주시옵소서.
○○의 권속에게 단 한 사람에게라도 전도자가 되게 하시옵소서. 귀신을 대적하고, 병든 자들을 위하여 기도하며, 복음을 전하는 시간을 보게 하시옵소서. 하나님께서 구원하시기로 작정하신 영혼들을 향해서 보냄을 받은 하루의 삶을 주시옵소서.

우리의 인생이 순간적이고 찬란한 곳에 몰두하는 어리석은 생활 태도를 버리게 하시고, 유한한 삶에서 영원을 준비하게 하시옵소서.
제자들이 주님을 따라나섰을 때, 배와 부친을 버려두고 따랐던 삶이 저희들의 것이 되게 하옵소서. 저희들에게도 부르시며 따르라 하셨으니, 세상의 즐거움을 버리고 주님을 따르게 하시옵소서. 주님만을 따르려고 얽어매기 쉬운 것들을 버리도록 인도해주시옵소서.
여호와께 존귀한 저희들, 아버지의 뜻을 알고, 그것으로 지내기를 원합니다. 하나님의 말씀으로 저희들을 향하신 주님의 뜻이 무엇인지 분별하여 새로워지게 하시옵소서. 그래서 그 말씀을 붙잡고 기도하는 생활을 하게 하시옵소서.
예수님의 이름으로 기도드립니다. 아멘.

수요기도회

하나님 아버지,
주일 이후에 사흘 동안, 주님 앞에서 성도로서의 모자라기 그지없는 모습을 회개합니다. 하나님의 말씀을 순종하면서 빛으로, 소금으로 살았어야 하나 아무 생각 없이 되는대로 살아온 죄를 용서해주시옵소서. 믿음이 없이 행해왔던 지난 시간들의 모든 것들을 용서해주시옵소서.
이 자리에 머리를 숙인 지체들이 순간마다 하나님을 사랑한다고 고백하고, 여호와의 원하심에 순종하는 헌신의 시간을 보내게 하시옵소서. 말씀에 순종해서 살 때, 여태껏 경험해보지 못한 놀라운 일들을 보게 하시옵소서.

목사님께서 준비하신 말씀을 전하실 때, 예수님의 십자가로 죄의 문제가 해결되었음을 확인하게 해주시고, 하늘나라의 백성으로 살아가려는 다짐을 새롭게 하게 다짐하도록 도우시기 원합니다. 또한 새롭게 깨닫는 천국의 법도가 되기를 소망합니다. 저희들이 평생에 지키고 따를 생명의 약속이 되게 하시옵소서.

십자가로 말미암아 구속의 은혜를 누리면서 살아가는 지체들이 되게 하시옵소서. 저희들의 시민권이 하늘에 있음을 고백하는 저희들 각 자와 ○○교회가 되게 하시옵소서. 주님께서 오실 때까지 하늘나라에 마음을 두고 살게 하시옵소서. 저 천국에 소망을 두고 지내는 저희들이 되기를 원합니다.

저희 교회를 인도하여 주시옵소서. 가난한 이웃들과 외로운 이들에게 소망이 되는 교회가 되기를 간구합니다. 어두워 가는 사회에 희망을 주게 하여 주시옵소서. 구제하면서도 복음을 망각하지 않게 하시옵소서. 죽어 가는 영혼들에게 향한 구령의 뜨거운 사랑을 주시옵소서.

이제는 사람들에게 보이는 삶을 살았던 날들을 거절하고, 하나님 앞에서 지낼 것을 다짐합니다. 하나님께 사용이 되어져 하늘나라를 확장하는데 마음을 쓰게 하시옵소서. 자신의 행실로 말미암은 칭찬은 거절하고, 무익한 종이라 여기게 하시옵소서. 오른손이 하는 것을 왼손이 모르게 하여 은밀한 중에 보시는 하나님을 주목하겠습니다.

예수님의 이름으로 기도드립니다. 아멘.

2월 2주

주일찬양예배

주일을 지키게 하시는 하나님,
오늘도 이 백성에게 승리를 주신 그 은혜에 예배와 찬양으로 영광을 드립니다. 이 시간에, ○○의 성도들이 아름다운 찬송을 통하여 여호와의 이름이 높이게 하시옵소서. 주님의 권속을 은혜의 자리로 불러 주셔서 영과 진리로 예배하게 하셨으니 영광을 드립니다. 순간의 즐거움에 자신을 내어주고, 불의와 타협하면서도 죄를 합리화하는 위선적인 행실뿐이었음을 용서해주시옵소서. 죄를 거절하는 담대함을 주시고, 신령한 은혜에 들어가게 하시옵소서.
저희들의 심령을 하나님께 내어드리고, 진리의 말씀을 듣게 해주시옵소서. 목사님의 입술을 통해서 대언이 되는 하나님의 말씀으로 보배롭게 담겨있는 약속의 아름다움을 보게 하옵소서. 진리의 말씀이 생수가 되어 허전했던 심령을 시원하게 해주는 은혜를 주시옵소서.
여호와의 간섭으로 특별한 은혜와 은총이 내려지기 원합니다. 그 은혜로 재정의 부요함을 보도록 하시옵소서. 주님께서 우리를 위하여 가난하게 되셨으니, 부요하심의 은혜가 있음을 보게 하시옵소서. 남들에게 거저 베풀고, 어려운 이들을 도와도 모자람이 없는 넉넉한 재물을 취하게 하시옵소서.
○○의 권속은 하나님께 영광을 드리기 원합니다. 주님께서 주신 청지기의 사명을 바로 깨달아 주님께서 우리에게 맡기신 삶의 터

전과 생의 기간을 아름답게 가꾸는 지혜 있는 자들이 되게 하시옵소서.
○○의 권속에게 부흥의 환상을 갖게 하셨으니 부흥시켜 주실 것을 확신합니다. 교회는 성령님께서 부흥시켜 주시고, 저희들은 오직 성령님께 순종하여 섬기기를 다하게 하시옵소서. 그리하여 지혜가 필요하면 지혜를, 재정이 요구되면 재정을, 열심을 내어야 한다면 성실하게 봉사하게 하시옵소서.
주 안에서 기뻐하며 지내기를 원합니다. 주님의 십자가에서 이루어진 사랑을 깨달아 감격하게 하시옵소서. 십자가에서 성취된 구원을 기뻐하게 하시옵소서. 이제, 예수는 나의 힘이요 내 기쁨이 되신다는 찬송을 부르면서 거룩한 시간을 보낼 것을 다짐합니다.
예수님의 이름으로 기도드립니다. 아멘.

수요기도회

하나님 아버지,
지난 한 주간 동안에도 주님을 기쁘시게 못하고, 육신을 위하여 이기적인 욕망과 많은 죄악에서 살아온 죄를 씻어주시옵소서. 전에 하던 헛된 일을 원통히 여기니, 주 예수님의 보혈로 용서해주시옵소서.
주님의 십자가를 가까이 하며 지낼 때, 생명의 기쁨을 찬송하면서 가슴이 사랑으로 벅차게 하시옵소서. 우리가 서로 사랑하여 주님의 몸을 이루어 드리기 원합니다. 이로써 자신의 몸을 내어주심으로써 사랑을 나타내신 주님을 따르려는 다짐의 은혜를 내려 주시옵소서.

이제, 곧 우리 민족의 명절인 설날을 맞이합니다. 명절을 즐기기 위하여 일가와 친척이 모일 때, 복음을 나누게 하시옵소서. 하나님을 영화롭게 해드리게 하시옵소서.

오늘, 강단에서 대언되는 하나님이 말씀에 도전 받기를 원합니다. 기도회로 모인 공동체에 기도의 불을 더욱 태우는 말씀을 주시옵소서. 기도로 설교를 준비하신 목사님께 성령님의 기름을 부으심으로 천국의 비밀이 있는 말씀을 선포하시도록 하옵소서. 그 말씀으로 주저앉은 저희들이 다시 일어나는 체험을 주시옵소서.

○○교회의 성도들 가운데 질병으로 고통 중에 있는 식구들에게 회복의 은혜를 내려 주시기 원합니다. 참기 어려운 시간을 보내고 있으나 질병이라는 사실만 보는데 그치지 않게 하시고 병고의 뒤에서 움직이시는 하나님의 손을 보게 하시옵소서.

하나님께서 이루어주신 가정을 존귀하게 여기지 못했음을 고백합니다. 서로를 사랑하지 못하고 함부로 대한 죄를 용서해주시옵소서. 사랑이 넘치는 천국 가정을 만들겠습니다. 이 모든 것 위에 사랑을 더하라는 말씀을 기억하며 가정을 통하여 천국을 이루도록 인도해주시옵소서.

함께 살아가며, 기도로 섬기라고 ○○교회에 지역사회를 주셨습니다. 저희들이 함께 살아가고 있는 이들을 주목하게 하시옵소서. 그들의 삶에 유익과 도움이 될 수 있는 나눔의 삶이 되게 하시옵소서. 저희들의 수고스러운 행실이 착한 열매가 되어 하나님 나라 확장에 쓰임을 받게 하시옵소서.

예수님의 이름으로 기도드립니다. 아멘.

2월 3주 - 사순절첫째주일

주일찬양예배

사순절기를 맞이하여 첫째주일로 지킵니다. 하나님,
복을 주시는 날에, 하나님께서 정하신 방법에 따라 예배를 드리오니 받아 주시옵소서. 그리고 머리를 숙인 저희들에게는 여호와 앞에서 영원히 성민이 되게 하시옵소서. 여호와의 이름 앞에 무릎을 꿇어 자복하면서 영광을 드립니다.
오늘부터 사순절을 지킬 때, 생명의 기쁨을 찬송하면서 가슴이 사랑으로 벅차게 하시옵소서. 우리가 서로 사랑하여 주님의 몸을 이루어 드리기 원합니다. 주님을 본받아서 형제를 위하여 목숨을 버리는 데까지 이르게 하시옵소서. 자신의 몸을 내어주심으로써 사랑을 나타내신 주님을 본받으려는 다짐의 은혜를 내려 주시옵소서.
사람의 죄를 용서해 주시기를 즐겨하시는 하나님께 영광을 드립니다. 부르짖는 자에게 인자하심이 후하신 여호와의 이름이 영광의 향내로 이 전에 가득하기 원합니다. 주님의 이름으로 모인 성도들이 하나님의 선하심을 기억하며 영광을 바칠 때, 흠향하시옵소서.
설교를 준비하신 목사님께 성령의 감동하심이 더 있기 원합니다. 저희들에게 말씀하시는 하나님의 음성을 듣는 은혜의 시간으로 인도해주시옵소서. '지금, 여기에서' 저희들이 듣고 순종해야 하는 진리의 말씀이 온 교회를 덮게 하시옵소서.

저희들에게 사랑의 영을 충만하게 부어주시옵소서. 주님의 형제와 자매들이 남의 잘못이나 허물이 있을 때마다 자신을 먼저 돌아보는 사랑으로 충만하기 원합니다. 진정으로 감싸주고, 피차 덕세우기를 힘쓰는 사랑하는 저희들로 만들어 주시옵소서.

주님의 오심을 기다리며 말세를 살아갈 때, 하늘의 권능으로 승리하도록 이끌어 주시옵소서. 하나님의 뜻을 발견하게 하시옵소서. 은혜로 충만한 저희들이 되어 하나님의 뜻을 찾게 하시옵소서.

○○의 권속에게 전도자가 되게 하시옵소서. 귀신을 대적하고, 병든 자에게는 기도하며, 복음을 전하게 하시옵소서. 하나님께서 구원하시기로 작정하신 영혼들을 향해서 보냄을 받은 기회를 주시옵소서.

예수님의 이름으로 기도드립니다. 아멘.

수요기도회

하나님 아버지,

새해의 첫 날이 엊그제인데 벌써 2월의 한 날을 보내게 하시니 감사드립니다. 저희들을 하나님의 팔로 품어 주시고, 하나님의 발등상에서 교훈을 받게 하심을 기뻐하게 하시옵소서. ○○의 가족들, 어린아이에서 장년에 이르기까지 마음이 부패해지거나 진리를 잃어버리지 않게 하시옵소서. 날마다 구원의 은혜에 감사하는 마음으로 살도록 거룩함을 주시옵소서.

지난 사흘 동안에도 어둡고 험악한 세상에서 방황하며 살았습니다. 아버지의 영광과 뜻을 드러내기 보다는 우리의 육신의 안일과 평안만을 추구할 때가 많았음을 용서해주시옵소서. 말씀을 가까이하고 말씀에 순종하며 살기에 게을렀던 삶을 용서해주시옵소서.
하나님의 말씀을 받게 하시니 감사합니다. 떡으로만 살아갈 수 없어, 이 시간에 생명의 말씀을 받기를 원합니다. 선포되는 말씀을 아멘으로 받게 하시고, 순종을 결단하게 하시옵소서. 저희들이 의를 행할 수 있는 진리의 말씀을 반가운 마음으로 청종하게 하시옵소서.
하나님께서 힘을 주시고 평강의 복을 주심에 감사드립니다. 그 은혜로 말미암아 저희들이 평온함을 인하여 기뻐하게 하시옵소서. 하늘의 기쁨을 누리는 중에, 소원의 항구로 인도하시는 하나님의 자비하심을 보게 하시옵소서. 저희를 안전히 거하게 하시는 이는 오직 하나님뿐인 줄을 확고히 깨닫는 지체들이 되게 하시옵소서
○○의 지체들, 세상을 향해서 복음의 증인이 되었다고 믿습니다. 저희들이 살아가고 있는 지역사회에서 복음의 증인으로 세워주시옵소서. 저희들의 심령이 전도의 영으로 불이 붙게 하사, 죽어 가는 심령들을 향하여 구원의 복음을 외치게 하시옵소서. 성도의 착한 행실로 아버지께 영광을 돌리게 하옵소서. 성령님께의 충만으로 복음의 일꾼들이 되게 하여 주시옵소서.
저희들은 뜨겁게 기도의 시간을 누리는데, 함께 하지 못한 ○○의 권속이 그립습니다. 육체적으로 연약해서 병이 든 지체들이 안타깝습니다. 그들에게 치유의 은총을 베푸셔서 어서 일으켜 주시옵소서. 병상에 있는 이들을 일으켜 주시옵소서.

예수님의 이름으로 기도드립니다. 아멘

2월 4주 - 삼일절예배

주일찬양예배

주님의 날에 삼일절 예배로 모였습니다. 하나님,
삼일절을 기념하여 예배하러 나아왔습니다. 이 민족의 역사에 간섭하신 하나님의 손을 찬양합니다. 해 돋는 때부터 해가 지는 때까지 여호와의 은총으로 살게 하셨음에 무릎을 꿇어 전심으로 감사하게 하시옵소서.
삼일절에, 정의와 사랑의 하나님을 보게 하심에 감사드립니다. 하나님의 용기를 통해서 선조들은 태극기를 들고 일어났습니다. 이 시간에, 그들에게 용기를 주신 여호와의 깃발을 기억하기를 원합니다. 삼일절의 정신은 나라를 위한 자유와 평화에 있음을 깨닫는 예배가 되게 하시옵소서.
거룩하게 지낸다고 했으나 죄를 지은 것을 회개합니다. 저희들의 상한 마음을 고쳐주시고, 사죄의 은총을 내려 주시옵소서. 하나님의 나라보다는 자신의 유익을 구하기에 바빴던 행실을 용서하시옵소서.
주님께서 고난으로 우리의 죄에 대한 하나님의 진노를 친히 받으셨음에 감사드립니다. 그 고난을 통해서 하나님의 은혜와 의를 얻게 하셨으니 주님의 고난을 찬양하게 하시옵소서.
지금, 설교를 준비하신 목사님께 성령으로 충만하게 하시고, 능력을 더하셔서 권세 있는 말씀을 선포할 수 있게 하옵소서. 그 말씀에 의해 더욱 하나님께로 나아가게 하시옵소서. 복음을 듣고, 믿음에 이르는 생명들을 보여 주시옵소서.
죄인의 구속을 위해 하나님께서 하신 일을 즐거워하면서 그 이름을 높이는 이 시간의 예배가 되게 하시옵소서. 저희들에게 영생을 주시려고 구속제사의 제물이 되신 예수님을 기억하게 하시옵소서. 제물이 되어 주신 주님을 사랑하게 하시옵소서.
이로써, 주님의 이끌어주심에 따라, 소금처럼 필요한 사람이 되고, 빛이 되어 여호와의 은혜를 나타내려는 결단을 하게 하시옵소서. 자기의 생명을 내어주시기까지 하신, 주님의 모습을 본받도록 이끌어 주시옵소서. 착한 행실로 열매를 맺어드리게 하시옵소서.
예수님의 이름으로 기도드립니다. 아멘.

수요기도회

하나님 아버지,
오늘도 사랑하는 주님의 권속들을 은혜의 자리로 불러 주셔서 영과 진리로 예배하게 하셨으니 영광을 드립니다. 이 밤에는 저희들에게 헌신된 제물로 살아가기를 다시 한 번 다짐하게 하시옵소서.
의인은 종려나무 같이 번성하게 하시는 은혜를 누리고 있음에, 여호와의 이름을 찬미하게 하시옵소서. 영광, 영광, 영광이 되시는 하나님께 찬송을 드려 영원히 그 영광을 선포하게 하옵소서.
아침마다 은총이 새롭고, 안연히 살게 하시니 감사드립니다. 이 시간에는 저희 인생들에게 이웃이 되어주신 예수님을 묵상합니다. 저희들이야말로 마귀에게 강도를 만나 죽음에 이른 자들이었습니다.

○○의 권속에게 성령님께 붙들려져서 강도를 만난 자에게 다가가게 하시며, 그에게 이웃이 되는 은혜를 주시옵소서. 나에게 주신 재물과 능력을 도움을 받아야 하는 이에게 베풀게 하시옵소서. 거저 주고, 베풀어서 살려내는 은혜에 드려지게 하시옵소서.

영생에 이르는 진리를 선포하시는 목사님께 능력을 더하여 주시고 저희들은 기쁨으로 받아 순종하게 하시옵소서. 하나님의 사자의 입술에 의해 생명과 진리의 말씀을 듣게 하시옵소서. 하나님의 말씀을 깨우쳐서 저희의 심령을 새롭게 하시옵소서.

눈물과 한숨으로 지내야 했던 이 백성들에게 독립에 대한 몸부림이 있게 하신 하나님이셨습니다. 주님께서 이 민족을 불쌍히 여기신다는 소망을 품고, 독립만세를 외칠 수 있었습니다. 나라와 겨레를 자신들의 몸으로 바꾼 귀한 선조들이 일어나게 하셨던 그 하나님께 예배합니다. 영원히 영광을 드리게 하옵소서.

주님께서 당신을 위하여 아무것도 취하거나 챙겨놓지 않으셨던 것처럼 저희의 모든 것으로 영적으로 가난한 자를 부요케 하는 십자가의 정신이 살아있는 저희의 것이 되기를 원합니다. 제자들의 발을 친히 씻겨주신 예수님을 본받아 저희도 십자가의 사랑을 실천할 수 있는 헌신자가 되게 하여 주시옵소서.

자신을 지켜 거룩하게 지내도록 인도해주시옵소서. 시시각각 하나님을 주목하여 순결하게 살겠습니다. 하나님의 뜻은 이것이니 너희의 거룩함이라는 사실을 잊지 않고 성령님의 인도하심을 빕니다.

예수님의 이름으로 기도드립니다. 아멘.

3월 1주

주일찬양예배

봄이 오는 3월을 주셨습니다. 하나님,
사순절의 주님을 만난 기쁨으로 저희들의 가슴이 충만해지게 하시옵소서. 주님의 십자가에서 이루어진 사랑에 감격하여 기쁨으로 충만한 저희들이 되어 하나님의 뜻을 찾게 하시옵소서.
이제, 찬양예배로 하나님께 영광이 되기를 원하는 저희들에게 예수는 나의 힘이요 내 기쁨이 되심을 찬송하게 하시옵소서. 오직 십자가의 은혜로 구속받았음에 찬양을 드리게 하시옵소서.
여호와의 사유하심으로 저희들을 받아 주시옵소서. 저희들은 어리석어서 부시불식간에 죄를 짓고도 모릅니다. 하나님을 사랑함에 민감하지 못하고, 눈에 보이는 것들에 마음을 주며 지낸 것을 용서하시옵소서. 하나님이 아닌 것들에게 여호와의 자리를 내어준 죄를 도말해주시옵소서.
생명의 말씀을 주시려고 목사님을 강단에 세워주셨음에 감사드립니다. 목사님의 대언하시는 말씀 속에서 삼위 하나님의 거룩하심과 전능하심이 선포되게 하시옵소서.
갈보리의 십자가가 떠올려질 때마다 주님을 생각하게 하시옵소서. 우리가 받아야 할 저주를 주님께서 받으시느라 십자가를 지셨습니다. 우리가 받아야 할 저주를 대신 죽음으로 받으신 예수님을 바라보게 하시옵소서. 십자가의 그늘 밑으로 다가가 구원의 은혜를 찬송하게 하시옵소서.

친히 사랑의 본이 되어 주신 예수님을 따라 사랑으로 살게 하시옵소서. 주님 안에서 드러난 하나님의 사랑이 저희들의 사랑이 되기를 원합니다. 사람의 사랑이 아닌, 하나님의 사랑으로 서로를 사랑하며 이웃도 섬기기를 원합니다.

저희들이 복음을 받고, 하나님의 백성이 되었던 것처럼, 지금 구원에 이르러야 될 이들, 한 사람에게라도 더 생명의 길로 이끌어 주는 복음을 전하게 하시옵소서. 한 생명을 구하시려는 하나님의 열정을 갖도록 하시옵소서. 이제, ○○교회가 많은 사람을 옳은 데로 돌아오게 하여 여호와의 뜻을 이루어드리게 하시옵소서.

예수님의 이름으로 기도드립니다. 아멘.

수요기도회

하나님 아버지,

의인은 종려나무 같이 번성하게 하시는 은혜를 누리고 있음에, 여호와의 이름을 찬미하게 하시옵소서. 영광, 영광, 영광이 되시는 하나님께 찬송을 드려 영원히 그 영광을 선포하게 하옵소서.

○○ 교회의 지체들에게 삭개오가 품었던 소원을 갖게 하옵소서. 예수님을 보고자 하여 뽕나무에까지 올라갔던 그 열정을 저희들에게도 주옵소서. 그 열정으로 주님을 본 삭개오의 성공이 저희들의 것이 되게 하시옵소서.

우리를 부르시는 주여, 신앙의 성공으로 세상을 이기는 은혜를 보게 하시옵소서. 돈 밖에 모르던 삭개오가 돈보다도 더 좋은 것, 새 생명을 알게 되었듯이, 저희들에게도 이제까지 알지 못하던 것을 알게 하옵소서. 천국의 아름다움을 사모하도록 이끌어 주시옵소서.

이 귀한 시간에, 영생에 이르는 진리를 선포하시는 목사님께 능력을 더하여 주시고 저희들은 기쁨으로 받아 순종하게 하시옵소서.

저희들에게도, 하나님께 드리는 것이 있어서 사람들의 눈에 비쳐질 때, 허비하는 것이 있기를 원합니다. 하나님의 뜻이 이루어지고, 하나님께서 취하셔야 하는 영광을 위하여 드리게 하시옵소서.

저희들의 영혼이 십자가에서 나타난 주님의 은혜만을 갈망하게 하시옵소서. 그 은혜가 우리를 강권하여 복음을 전하는 증인들이 되기를 빕니다. 갈보리 십자가의 보혈을 불신자들에게 전하게 하시옵소서.

주님께서 친히 세우신 교회입니다. 믿음으로 살기에, 힘들고 어려워도 고난 가운데서 주님의 뜻을 담아내는 교회가 되게 하시옵소서. 이 시대에 교회를 향한 주님의 요청이 무엇인지 분별할 수 있는 교회가 됨으로써 주님의 형상을 더욱 분명하게 드러낼 수 있는 교회가 되도록 이끌어 주시옵소서.

주님의 사랑으로 살아가기를 결단했으니, 이웃이 힘들고 아파할 때 함께 울어주게 하시옵소서. 이웃을 자신의 몸처럼 사랑하고, 진심으로 위로하겠습니다. 불신자들이라 할지라도 환난 중에 있는 모든 자들을 능히 위로하게 하시옵소서.

예수님의 이름으로 기도드립니다. 아멘.

3월 2주

주일찬양예배

시온에서 복을 주시는 하나님,

이 시간에, 성도들의 아름다운 찬송을 통하여 여호와의 이름이 높아지기를 소망합니다. 성령님의 충만하심으로 날마다 새롭게 하신 은혜에 찬송을 드리게 하시옵소서.

오늘도 주님의 권속들을 은혜의 자리로 불러 주셔서 영과 진리로 예배하게 하셨으니 영광을 드립니다. 주일예배의 시간을 복 되게 하셨듯이 ○○의 지체들, 영과 진리로 나아가게 하시옵소서.

죄로 인하여 주님께 얼굴을 들지 못하고 주님의 자비를 잊어야 했던 지난 시간들이었습니다. 하늘나라에서의 기쁨을 지금, 맛보게 하시는 구원의 하나님을 향하여 즐거이 외치는 예배를 드리게 하시옵소서. 성령님의 충만하심으로 기뻐하는 예배로 영광을 받으시옵소서.

마음을 내어놓고 간구하는 이 시간에, 주님의 음성을 듣게 하시옵소서. 목사님의 입술을 사용하사 들려주시는 하나님의 음성을 달게 받게 하시옵소서. 저희들이 부르짖기 전에, 하나님의 말씀을 듣게 하시고, 그 말씀으로 구하기를 원합니다.

사랑하는 ○○의 권속에게 말씀을 그리워하는 심령이 되게 하시옵소서. 베풀어 주시는 신령한 식탁으로 인해 천국 잔치의 기쁨을 누리게 하시옵소서. 저희를 하나님과의 관계에서 기꺼이 순종하는 자리에까지 이르게 하시옵소서. 이제, 우리 교회는 구원하심과 그 은혜의 영광을 하나님께 드리는 지체들로 세워주시옵소서.
○○의 지체들에게 교회부흥의 환상을 보여주신 하나님을 묵상합니다. 저희들이 기도하는 시간에, 하나님께서 부흥을 이루어주심을 믿습니다. 하나님께서 부흥의 비전을 주셨으니, ○○교회의 부흥은 하나님께서 이루실 것을 확신하게 하시옵소서.
저희들은 세상을 향해서 주님의 교회로 지내게 하시옵소서. 세상을 사랑하는 하나님의 뜻에 순종해서 이 땅 곳곳을 사랑으로 섬길 것을 결단합니다. 각 사람이 세상 속에서 주님의 몸이 되게 하시옵소서.
예수님의 이름으로 기도드립니다. 아멘.

수요기도회

하나님 아버지,
하나님의 뜻에 합당하게 살아오지 못한 이 부족한 저희들의 허물과 죄를 고백합니다. 저희들의 소유하려는 욕심에 사로 잡혀 있었음을 용서해주시옵소서. 버리지 못하는 탐욕의 죄를 용서해주시옵소서.
주님께서 함께 하심이 바로 인생 최고의 복이요, 은혜임을 깨닫게 하시옵소서. 천국 시민으로서 하늘의 소리에 귀를 기울이는 은혜를 주시옵소서. 듣고자 해서 들을 수 있는 것이 아니고, 은혜로 듣게 하시옵소서. 하나님께서 저를 통해서 이루고자 하시는 일들에도 주목하는 눈을 갖게 하시옵소서.
영생에 이르는 진리를 선포하시는 목사님께 능력을 더하여 주시고 저희들은 기쁨으로 받아 순종하게 하시옵소서. 목사님의 입술을 사용하여 들려주시는 말씀을 청종하게 하시옵소서. 생명의 말씀을 받아 마음의 판에 새기도록 하시옵소서.
하나님 앞에서 존귀한 ○○의 권속, 하나님 앞에서 자녀 된 청지기로 살기 원합니다. 지혜의 청지기로 살기 원합니다. 아는 것이 많아질수록 그 놀라운 지식을 펴신 하나님을 발견하게 하시옵소서. 복음의 청지기가 되기를 원합니다.
십자가에서 이루어진 주님의 사랑을 기억합니다. 죄인들의 구원을 위하여 보혈의 피를 흘리신 주님의 사랑이 하나님의 은혜였음을 늘 기억하며 지내게 하시옵소서. 주님의 보혈로 새 생명을 얻도록 하셨으니, 하나님을 영화롭게 해드리는 자녀가 되어서 천국의 영광을 구하며 살게 하시옵소서.
사람들에게 대접을 받는 것을 은근히 바라며 살았던 삶을 고백합니다. 바리새인처럼 남보다 나를 의롭게 여기며 교만하게 살았으니 용서해주시옵소서. 자신에게 정직하고, 하나님의 영광을 구하기에 힘쓰겠습니다. 외식하는 삶에 화가 있음을 늘 잊지 않기를 빕니다.
○○교회에, 함께 하고 있는 지역사회를 섬기도록 하셨음에 감사드립니다. 어려움을 당하여 고통에 노출되어 있는 이들을 교회적으로 돌아보게 하시옵소서. 저희들이 좀 더 헌신해서 하나님의 사랑을 누려야 하는 이들에게 나누어 주게 하시옵소서. 교회에서 관리하는 사회봉사 사역에도 더욱 헌신하게 하시옵소서.
예수님의 이름으로 기도드립니다. 아멘.

3월 3주

주일찬양예배

신실하신 하나님,

전심으로 주를 향하여 고백하는 말을 주셨습니다. 저희들이 여호와를 찬양한다 말하게 하시옵소서. 주일예배를 거룩하게 드리게 하신 하나님의 이름에 영광을 드립니다. 지금, 여기에 다시 모이게 하시며, 경건함과 거룩함으로 예배하게 하시니 감사합니다.

생각과 마음을 모아서 여호와를 공경함으로써 예배하는 저희들이 되게 하시옵소서. 마음을 드려 찬양으로 경배하기를 원합니다.

주님은 저희들의 어리석음을 아시니, 저희들을 가르쳐 기도하게 하시옵소서. 연약함도 아시니, 저희들을 가르쳐 굳세게 되는 힘을 구하게 하시옵소서. 저희들을 가르쳐 겸손을 배우게 하시옵소서.

이 시간에도 ○○의 강단에 말씀의 영으로 충만하게 하시옵소서. 말씀의 기름 부으심이 전하는 자와 받아야 하는 회중들에게 충만하게 하시옵소서. 이로써 설교하시는 목사님께 영력을 더하셔서 생명의 말씀으로 저희들이 배부르게 하여 주옵소서. 선포되는 말씀을 아멘으로 받아 제사를 드림보다 더 나은 순종함에 이르게 하시옵소서.

주님의 교회 안에서 자라가는 지체들을 축복합니다. ○○의 성도들이 교회를 통해서 제자로 세워져가는 젊은이들을 위하여 무릎을 꿇게 하시옵소서. 어린 아이들이 말씀과 기도로 자라가도록 하는 사역에도 헌신하게 하시옵소서. 그들이 주님의 제자로 양육을 받을 수 있도록 봉사하는 어른들이 되게 하시옵소서.
하늘 아버지의 자녀들, ○○교회에 은혜가 넘쳐 이웃으로 눈을 뜨게 하시며 교회는 이 지역에서 영혼을 살리는 방주가 되게 하시옵소서. 저희들의 소원은 오직 하나, 불신자들에게 복음을 전하는 것이 되게 하시옵소서. 거저 받은 복음을 나누어주도록 하시옵소서.
인생을 긍휼히 여기시는 하늘 아버지의 은혜를 소망합니다. 저희들 중에는 곤궁에 빠져서 어찌할 엄두도 내지 못하는 지체, 안타까움이 더하는 이들이 있습니다. 하나님의 인자하심이 그들에게 있어, 이 곤곤한 시간을 견디어 내게 하시옵소서.
예수님의 이름으로 기도드립니다. 아멘.

수요기도회

하나님 아버지,
하나님이시여, 이곳에 오셔서 왕이 되어 보좌로 임하시옵소서. 그 발 아래로 나아가 무릎을 꿇고 찬양하게 하시옵소서. 저희들의 찬송을 받으옵소서.
부지불식간에 죄를 짓고도 모름을 용서해주시옵소서. 거룩하게 지낸다고 하면서도 죄를 짓기도 하고, 연약한 인간의 모습 속에서 짐짓 죄를 짓기도 합니다. 죄를 용서해주시고, 보혈로 씻겨주시옵소서.
여호와를 바라보고, 주님의 뜻을 이루어드리려는 소망으로 가슴이 뜨거워지게 하시옵소서. 이 백성들을 향하신 하나님의 뜻을 소중히 보게 하시고, 어떤 경우에도 소망을 놓치지 않게 하시옵소서.

이 시간에, 강단에 세워주신 목사님을 성령님으로 충만하게 하시옵소서. 저희들에게는 들을 귀를 열어 주시옵소서. 이로써 그 말씀으로 저희들은 부활절을 기다리는 신앙의 삶에 도전을 받게 하시옵소서.

저희들을 불쌍히 여겨 주시옵소서. 지난 시간에도 세상의 삶에서 힘이 들고 지친 이들에게 은혜를 내려 주시옵소서. 상한 심령이 치료함을 받고, 낙심된 심령에게는 주님의 다시 일으켜 세워주심을 보게 하시옵소서. 한 사람도 거저 돌아가지 않는 시간이 되게 하시옵소서.

자신의 몸을 내어 주사 사랑을 나타내신 주님을 세상에 전하게 하시옵소서. 아직도 주님을 모르는 이들에게 하나님의 사랑을 보여주게 하시옵소서. 나를 구원해 주신 예수님을 전하게 하시옵소서.

○○의 지체에게 기도에 승리하게 해주시옵소서. 하나님께서 존귀하게 여겨주시는 이 백성들이 하나님을 찾아 부르짖는 간구로 시작되는 삶이 되고, 말씀에 순종하여 의의 열매를 맺음에 이르게 하시옵소서. 이로써 기도에 응답받는 복된 은혜를 누리기를 원합니다. 그 복을 통해서 하나님의 나라를 위하여 헌신하게 하시옵소서.

○○의 권속 중에, 함께 찬송과 기도로 은혜의 시간을 사모하지만 나오지 못한 이들이 있어 안타까움이 더합니다. 늘 우리와 함께, 바로 옆에서 예배하던 지체들이 그립습니다. 지금, 병상에서, 또는 외로운 곳에서 힘들게 지내는 이들에게 하늘의 문을 열어 주시옵소서. 그들에게도 회중 예배의 기쁨을 누리게 하시옵소서.

예수님의 이름으로 기도드립니다. 아멘.

주일찬양예배

종려주일을 맞이하게 하셨습니다. 하나님,
저희들을 다시 모이도록 하셨으니 지금은, 주님께서 고난을 당하셨던 그 때를 묵상하면서 뜨거운 감사로 예배하기를 소망합니다. 주님께서 걸으셨던 골고다의 길을 묵상하게 하시옵소서. 주의 백성들을 거룩하게 하시고, 고난주간의 삶을 주심에 감사드립니다. 찬양을 드리는 시간으로 모인 지체들이 주님께서 달려 죽으신 십자가를 바라보며 드리는 예배에 하늘의 영광이 가득하기를 원합니다. 아름다운 주님의 이름에 합당한 영광을 드리게 하시옵소서.
확실히 만물의 마지막이 가까운 것을 피부로 느끼고 있습니다.
이제 우리가 해야 할 일이 무엇이겠습니까? 열심으로 사랑하고 서로 대접하고 원망 없이 대접하고 또한 서로 봉사하는 그런 생, 더 높은 의미의 생을 이제는 살아가기를 소원하게 하시옵소서.
강단에 세우신 목사님을 붙잡아 주셔서 성령님께서 충만하게 하시며, 진리의 말씀을 준비하신 그대로 선포하게 하시옵소서. 말씀을 전해 주실 목사님께 선포의 능력을 더하여 주시고, 그 말씀으로 저희들을 향한 주님의 뜻이 무엇인지 분별하여 새로워지게 하시옵소서.
저희를 하나님과의 관계에서 기꺼이 순종하는 자리에까지 이르게 하시옵소서. 이제, 우리 교회는 구원하심과 그 은혜의 영광을 하나님께 드리는 지체들로 세워주시옵소서.

마음의 분열과 갈등으로 말미암아 나누인 지체들에게는 서로를 받아들일 수 있는 사랑으로 위로해주시며, 나눔과 반목이라는 불행에 빠진 저희들에게 은총을 베풀어 주시옵소서. ○○의 공동체 안에서 모든 것을 믿으며, 참으며, 바라면서 하나를 이루게 하시옵소서.

저희들이 살아가는 삶의 현장에서 30배, 60배, 혹은 100배로 거두게 하시는 여호와의 손길을 바라봅니다. 저희들이 풍성해질 때, 감사함을 잊지 않게 하시옵소서. 그리고 하나님의 의를 찾게 하옵소서. 지금 누리고 있는 것들이 하나님께로 왔음을 인정합니다. 그러니, 자기 힘으로 얻은 줄 알고 제 뜻대로 살려하지 않게 하시옵소서.

예수님의 이름으로 기도드립니다. 아멘.

수요기도회

하나님 아버지,

지난 시간 동안에 지켜 주셨다가 모인 저희들에게 주님을 즐거워하는 예배가 되게 하옵소서. 주님께 찬송을 드리는 시간이기를 소망합니다.

하나님의 아들이 나귀 새끼를 타셨음에서 스스로 보좌를 버리신 예수님을 묵상하게 하시니 감사드립니다. 상전을 바라보는 종들의 눈처럼 여호와의 은혜가 베풀어지기를 기다리게 하시니 감사드립니다. 하나님의 일을 이루어드리기 위하여 저희를 드리려는 마음을 주시옵소서.

겸손과 온유로서 주님 가까이로 이끌어 주시며, 우리의 죄를 낱낱이 고백하게 하사 주의 은총 안에 의탁하게 하시고 주 안에서 비로소 우리의 피난처와 능력을 발견하게 하시옵소서.
주님께서 고난을 당하시므로 생명을 주신 날에, 기쁨을 찬송하면서 저희들의 가슴이 사랑으로 벅차게 하시옵소서. 우리가 서로 사랑하여 주님의 몸을 이루어 드리기 원합니다. 주님을 본받아 형제를 위하여 목숨을 버리는 데까지 이르게 하시옵소서.
제자들과 마지막 만찬을 하시면서 그들의 발을 씻겨주셨던 주님을 묵상하게 하시옵소서. 우리 ○○의 지체들이 서로 발을 씻겨주지는 못하여도 발을 씻겨주는 섬김의 자세를 배우도록 성령님의 인도하심을 구합니다.
목사님의 입술에서 떨어지는 생명의 말씀으로 저희들의 영혼이 배부르게 하시고, 하나님 앞에서의 삶을 결단하는 경험을 주시옵소서. 그리하여 주님을 따르는 겸손의 삶을 사모하게 하시옵소서.
사순절의 기간이 저희들에게 복이 되기를 빕니다. 주님의 지체들이 사랑을 조금씩 실천하면서 이기적이던 기질이 이타적인 기질로 조금씩 바뀌어 가고, 하나님께 영광을 드리도록 인도해주시옵소서.
이 세상에서 마지막 남은 한 사람에게 복음이 전해질 때까지 저희 교회를 보호해주시옵소서. 하나님께서 구원하시기로 작정된 영혼들을 보게 하시옵소서. 그리하여 이 지역의 사람들뿐만 아니라, 모든 사람들에게 생명의 말씀을 밝혀 전하는 교회가 되기를 원합니다. 저희들에게 오직 복음을 전하는 소망을 갖게 하시옵소서.
예수님의 이름으로 기도드립니다. 아멘.

3월 5주 - 부활절

주일찬양예배

죽음에서 살아나신 주님을 찬송합니다. 하나님,
부활절을 맞이한 우리의 마음이 우리 죄로 인해 십자가를 지신 예수 그리스도의 고난의 의미를 되새기게 하옵소서. 주님만이 내 죄를 해결해 주실 수 있음을 고백하게 하시고 주님 지신 십자가에 내 모든 죄의 본성과 고집스런 자아를 못 박아 새 영으로 거듭나게 하셔서 진정한 부활의 감격을 누리는 자들 되게 하여 주옵소서.
다시 살아나신 주님의 이름을 찬송하기 위하여 머리를 숙였습니다. 주님께서 무덤을 깨드리도록 해수신 하나님의 이름에 합당한 영광을 드리게 하시옵소서. 이 시간에, 부활신앙의 확신으로 새롭게 빚어지는 은혜 안으로 들어가도록 하시옵소서.
하나님의 인도하심을 잊고, 자신의 영광을 구해왔던 지난 시간의 생활을 회개합니다. 입으로는 주 예수님을 주인으로 모신다 하면서도 실제는 주님을 섬기지 못했습니다. 생각과 말 그리고 행동으로 하나님이 미워하시는 일에만 힘써 왔음을 고백하니 용서해주시옵소서.
우리 교회에 말씀의 종으로 세워주신 담임 목사님과 여러 부교역자들을 위하여 빕니다. 그들의 기도와 사랑이 깊은 헌신을 통해서 우리 ○○의 지체들이 제자로 세워져 감을 감사드립니다. 저희들의 믿음 없음이 더욱 강건한 믿음으로 성장하게 하여 주시옵소서.

하나님의 입으로 나오는 말씀을 그리워합니다. 교회의 강단이 생명의 샘이 되어, 회중에게 소생을 경험하게 하시옵소서. 찬양예배로 모인 저희들에게 생명의 말씀을 누림이 되게 하시옵소서. 말씀을 전하실 목사님께 성령님의 기름을 부으심이 충만하게 하시옵소서. 말씀이 살아있는 ○○교회와 공동체로 인도해주시옵소서.
주님의 피가 이곳에 뿌려져 교회가 세워지고 지금까지 그리스도를 전하게 하셨습니다. 신앙의 선배들이 주님을 그리스도라 전했는데 저희도 충성을 다하여 거룩한 대열을 잇게 하시옵소서. 그리하여 주 예수님의 반석 위에 신앙의 집을 짓는 권속이 되게 하시옵소서.
예수님의 이름으로 기도드립니다. 아멘.

수요기도회

하나님 아버지,
죽은 자 가운데서 다시 살아 잠자는 자들의 첫 열매가 되신 주님께 찬양을 드립니다. 죽음의 권세를 이기신 주님을 찬송하는 중에, 천국을 사모하게 하옵소서. 세상을 이기는 믿음으로 살게 하시옵소서. 주님의 손의 못 자국을 보지 않고도 믿게 하옵소서. 보지 않고 믿는 믿음의 은혜를 주시옵소서. 부활하신 주님으로 말미암아 부활에의 신앙을 새롭게 하시옵소서.
겨울을 이기도록 해주시는 하나님이십니다. 모여서 머리를 숙인 저희들에게 마음으로 찬송을 부르게 하시옵소서. ○○의 권속에게 여호와의 이름을 부름이 산 소망이 되게 하시고, 오늘을 살아갈 의지가 되게 하셨음에 감사드립니다.
지금, 저희들의 마음 깊은 곳에서 외치는 양심의 소리를 듣습니다. 사람들의 눈을 속일 수 있어도 하나님께는 가릴 수 없는 죄가 있음을 회개하며 고백합니다. 죄의 허물을 용서해주시옵소서.
우리 교회 안에서 주님의 형제와 자매들이 남의 잘못이나 허물이 있을 때마다 자신을 먼저 돌아보는 사랑으로 충만하기 원합니다. 진정으로 감싸주고, 피차 덕 세우기를 힘쓰는 사랑하는 저희들로 만들어 주시옵소서. 성령님의 충만함으로 주님의 뜻을 깨달아 진리의 빛을 비추는 성도의 삶이 되게 하시옵소서.
주님께서 말씀하시니 힘을 얻기 원합니다. 주님의 말씀으로 고난도 담대하게 부딪치게 하시옵소서. 말씀과 함께 하는 은혜를 나타내 주시옵소서. 그 은혜가 임하여 말씀 안에서 살아갈 것을 믿습니다.
예배 중에 함께 하시는 하나님의 사랑을 나누며, 성도의 교제로 사랑을 실천하는 은혜로운 예배가 되게 하여 주시옵소서. 서로가 부족한 가운데 한 몸을 이루고 있습니다. 하나님의 능력으로 채워주셔서 승리자의 반열에 서게 하여 주시옵소서.
저희 교회를 오늘까지 지켜 주심을 감사드립니다. 목회자들과 장로님들을 비롯한 제직들을 기억하셔서 하나님의 동역자가 되게 하옵소서. 연합하여 선을 이루는 축복을 주시옵소서. 작은 일에도 충성하게 하시고, 때를 얻든지 못 얻든지 전도하게 하시며, 맡겨진 사명에 최선을 다하는 은혜를 누리게 하시옵소서.
예수님의 이름으로 기도드립니다. 아멘.

4월 1주

주일찬양예배

4월, 부활신앙으로 살아가기를 다짐합니다. 하나님,
하늘 아래에서 거룩하다고 구별하신 날에 주님께서 다시 살아나셨습니다. 죄인들은 그를 죽여서 무덤에 가두었으나 하나님께서 일으키셨습니다. 주님께서 흉악한 인간의 권세를 꺾으시고, 부활하신 날, 우리들이 예배함은 마땅합니다.
부활절을 맞이한 우리의 마음이 우리 죄로 인해 십자가를 지신 예수 그리스도의 고난의 의미를 되새기게 하옵소서. 주님만이 내 죄를 해결해 주실 수 있음을 고백하게 하시고 주님 지신 십자가에 내 모든 죄의 본성과 고집스런 자아를 못 박아 새 영으로 거듭나게 하셔서 진정한 부활의 감격을 누리는 자들 되게 하여 주옵소서.
다시 살아나신 주님의 이름을 찬송하기 위하여 머리를 숙였습니다. 주님께서 무덤을 깨드리도록 해주신 하나님의 이름에 합당한 영광을 드리게 하시옵소서. 이 시간에, 부활신앙의 확신으로 새롭게 빚어지는 은혜 안으로 들어가도록 하시옵소서.
뜨거웠던 가슴이 어느새 식어지고, 담대했던 결단이 흐지부지해지는 저희들을 일으켜 주시옵소서. 마음의 문을 연 저희들의 심령에 성령님께서 들어오시기 원합니다. 생명으로 이끌리게 하시옵소서. 오순절에 교회를 세워주셨던 성령님의 역사를 보게 하시옵소서. 저희들에게도 불의 혀처럼 갈라지는 기적에 초대해주시옵

소서.
성령님의 충만하심으로 부활의 신비를 하시옵소서. 소망의 풍성함에 이르게 해주시옵소서. 성령님의 충만하심으로 영안이 열려지게 하시옵소서. 형식적으로 흐르는 신앙생활에 생기가 돋아나고 영혼은 소성케 됨을 누리는 활력을 주시옵소서.
저희들에게 성령님의 은총을 소망하게 하시옵소서. 주님의 교회가 성령님의 충만하심에로 인도되기를 소망합니다. ○○의 권속에게 오직 성령님만이 소망이 되시고, 천국백성으로 살도록 하는 능력이 됨을 확신합니다. 성령님께서 저희들을 주장하시어 하늘 아버지의 자녀로 지내는데 충만하게 하시옵소서.
예수님의 이름으로 기도드립니다. 아멘.

수요기도회

하나님 아버지,
이 시간에, 저희들의 허물을 보게 됩니다. 자기의 좋은 생각에 따라 멋대로 살던 행실을 용서해주시옵소서. 십자가에서 나타난 주님의 사랑과 긍휼로 이 더러움을 깨끗이 씻어 주시고, 용서해주시옵소서.
저희들을 주님의 몸으로 주신 ○○ 교회에서 한 지체로 섬기게 하셨으니, 서로를 섬기되 열심을 내게 하시옵소서. 이 교회에 속한 지체들이 은혜 안으로 들어가게 하시옵소서. 교회 공동체에서 하나 된 성도들을 섬기는 희락을 저의 기쁨으로 삼게 하시옵소서.
저희들을 사용하여 일하시기를 원하시는 하나님을 믿습니다. 하나님께서 저희들을 기뻐하시도록 먼저, 저희들 자신을 거룩하게 해주시옵소서. ○○의 성도들이 스스로 성결하게 하시옵소서.
이 시간에도 진리의 식탁으로 이끌어 주시옵소서. 말씀을 준비하신 목사님께 성령으로 감동해주시고, 하나님의 뜻이 온전히 선포되기 원합니다. 그 말씀으로 저희들을 향한 주님의 뜻이 무엇인지 분별하여 새로워지게 하시옵소서.
○○의 지체들 중에, 병든 이들이 있어 빕니다. 육체적으로 병들어서 병원이나 집에서 치료 중인 이들을 하나님의 자비하심으로 고쳐주시옵소서. 살아가는 환경이 관해서 함께 하지 못한 지체들도 불쌍히 여기시옵소서. 그들에게 주님의 평안을 허락하시고, 예수 이름의 능력을 바라게 하시옵소서.
교회를 이루고 있는 모든 지체가 말씀으로 양육 받게 하시고, 봉사하고, 섬기며, 교제하여 참으로 주님이 잘했다 칭찬하시는 구언의 방주가 되게 하시옵소서. 우리 교회의 여러 기관들이 부흥케 하옵소서. 저희 교회가 부흥함으로 사회가 살아나고 냄새나는 곳에 소금이 되게 하여 주시옵소서.
하나님의 말씀이, 말씀 그대로 이루어짐을 온전히 신뢰하게 하시옵소서. 믿음의 시작을 하나님의 말씀에 두게 하시옵소서. 말씀이 그대로 이루어질까를 의심하며, 믿음이 없어 내 삶에 기적이 나타나지 않았음을 용서해주시옵소서. 하나님을 더욱 신뢰하겠습니다. 이 시간에, 믿음 없는 것을 도와주시고 말씀의 반석에 세워주시옵소서.

예수님의 이름으로 기도드립니다. 아멘.

4월 2주

주일찬양예배

생명의 주 하나님,

거룩한 자리에 모인 성도들에게 주님을 묵상하는 은혜를 내려 주시옵소서. 십자가를 지시려고 예루살렘 성으로 오신 주님을 생각하며 예배하게 하시옵소서. 예수님을 바라보며, 다윗의 후손으로 오신 이를 찬양합니다. 호산나로 영광을 드리게 하시옵소서.

저희를 흑암의 권세로부터 건져 내셔서 주 예수님의 나라로 옮겨 주신 구속의 사랑에 감격하면서 찬송을 드립니다. 우리를 위해 십자가에 달리셔서 몸을 찢기신 주님을 찬송하게 하시옵소서. 베풀어주시는 은혜를 누리며 지내게 하셨음에 찬송을 드립니다.

주님의 피로 세워진 교회에 하늘의 능력과 권세가 맡겨져 있음을 확신합니다. 여호와께 존귀한 성도들을 기도의 사람들로 세워주시옵소서. 오직 기도로 교회의 사명을 감당하는 종들이 되게 하시옵소서.

예배하는 지금, 손을 높이 들고 여호와의 이름에 찬송을 드리게 하시옵소서. 여호와를 주님이라 모시고 살아가기를 다짐하는 시간으로 삼아주시옵소서. 저희들은 사랑으로 지역을 섬기는 교회를 이루게 하시옵소서. 세상 속에서 주님의 뜻을 나타내기를 원합니다.

강단에 세워주신 목사님의 설교를 통해서 주시는 주님의 말씀을 생명의 양식으로 받아 심령이 배부르게 하시옵소서. 말씀의 성찬이 베풀어진 거룩한 시간에 온 몸으로 주님께 영광을 드리게 하시옵소서. 새 생명을 얻은 기쁨으로 살아가게 하시옵소서.
오늘도, 하나님께서 사랑하시는 ○○교회에 복을 내려 주시기 원합니다. 하늘과 땅의 권세를 저희들에게 맡겨주셨음에 찬양을 드립니다. 우리 교회가 이 지역에 하나님의 진리를 선포되게 하시옵소서.
하나님께서 주신 교회 부흥의 환상을 이루어 주시옵소서. 먼저, ○○의 지체들이 여호와 앞에서 교회로서 세워지기를 빕니다. 우리가 여호와께 온전히 세워져 부흥을 이루게 하시옵소서. 교회 안에서 자신의 역할에 최선을 다함으로 교회부흥의 열매를 맺게 하시옵소서.
예수님의 이름으로 기도드립니다. 아멘.

수요기도회

하나님 아버지,
예수님의 고난 속에서 아름답게 핀 생명의 꽃을 보게 하시니 영광을 드립니다. 만물이 새롭게 피어나는 계절에 저희들의 죽어야 하는 생명도 새롭게 피어나게 하셨습니다.
십자가의 밭에 주님의 보혈이 뿌려져 저희들에게 영생의 생명을 갖게 하셨으니 하나님은 찬미를 받아 주시옵소서. 저희들의 신앙과 삶도 주님의 보혈로 말미암았음에 찬양을 드리게 하시옵소서.
주님의 은혜에 감사함이 게으름을 용서해주시옵소서. 감사를 새기는 진정한 자세가 되지 못하고 있음을 고백합니다. 마음으로는 하나님을 사랑하고 감사하는 마음이 넘치기를 원하였지만 그러하지 못한 게으름과 불신앙적 행실을 용서하시옵소서.
주님의 고난으로 말미암아 저희들에게 누리게 하신 은혜를 즐거워합니다. 십자가의 구속을 찬송하는 ○○교회의 권속들에게 은혜의 물결이 넘치기를 소망합니다. 주님을 즐거워하는 예배가 되게 하옵소서. 주의 이름으로 오신 왕에게 찬송을 드리는 한 시간이기를 소망합니다. 주님은 우리의 왕이십니다!
강단에서 하나님의 말씀이 선포될 때, 심령의 문을 활짝 열고 듣게 하시옵소서. 목사님의 설교를 통해서 예수님의 십자가로 죄의 문제가 해결되었음을 확인하게 해주시고, 천국의 백성으로 살아가려는 다짐을 새롭게 하게 하시옵소서. 그리하여 오직 하나님의 말씀으로 주님을 따르는 겸손의 삶을 사모하게 하시옵소서.
하나님 앞에서 자기 의에 빠져 지냈던 죄를 고백합니다. 죄악에 대하여 무감각 하였던 지난 삶을 회개하니 용서해주시옵소서. 애통하는 심령과 결단의 눈물을 가지고 하나님께 무릎 꿇겠습니다. 하나님의 구하시는 제사는 상한 심령이라는 것을 잊지 않게 하시옵소서.
사회가 급변하는 이 시대에, 안타깝게도 소외되어 가는 이웃은 오히려 더 많아지고 있습니다. 누구나 잘 살아가기를 바라는데, 도리어 격차가 심해지고 있습니다. 이에, ○○교회는 섬김과 나눔의 영성을 갖고 지역사회를 섬기게 하시옵소서. 저희들에게 지역사회를 열린 눈으로 바라보며, 구체적이고 적절한 봉사를 실천하는 은혜를 누리게 하시옵소서.
예수님의 이름으로 기도드립니다. 아멘.

4월 3주

주일찬양예배

신실하신 하나님,

주님의 권속들을 은혜의 자리로 불러 주셔서 영과 진리로 예배하게 하셨으니 영광을 드립니다. 하늘나라에서의 기쁨을 지금, 맛보게 하시는 구원의 하나님을 향하여 즐거이 외치게 하시옵소서. 성령님의 충만하심에 기뻐하는 예배를 받으시옵소서.

진실한 믿음이나 열심을 다하는 신앙생활을 하지 못하고, 형식적으로 지낸 시간들도 많았습니다. 하나님의 나라보다는 자신의 유익을 구하기에 바빴던 죄를 주님의 피로 씻어주시고, 용서해주시옵소서.

오늘도 예배 중에 하나님께 집중하게 하시고, 말씀에 마음을 모으게 하옵소서. 이 교회를 위해서 사자를 보내셨으니, 성령님의 기름 부으심으로 말씀이 선포되게 하시옵소서. 저희들은 목사님의 말씀에 귀를 모아, 하나님의 음성을 듣게 하시옵소서. 목이 마른 사슴이 물을 찾는 심정으로 말씀을 사모하게 하시옵소서.

주님의 이름을 높이며, 하나님께서 누리셔야 하는 영광을 바치기를 원합니다. 마음으로 무릎을 꿇게 하시고, 받으실 영광을 취하시옵소서. 옛 사람을 십자가에 못 박고, 땅의 것을 버리게 하시옵소서. 주님의 죽으심을 바라보게 하시고, 십자가를 지고 가셨던 골고다 언덕을 저희들도 오르게 하시옵소서.

나라와 민족이 땅이나 바다로 서로 연결되어 있듯이 이 땅의 사람들이 주님의 사랑으로 하나 되기 원합니다. 모든 나라가 자기의 이익만을 바라지 않고, 함께 살아가는 공익을 바라보게 하시옵소서. 저희들의 기도가 나라와 민족을 위함에서 그치지 않고, 세계의 평화와 모든 민족을 위해서 헌신하려는 열의로 채워지게 하시옵소서.

성경을 가까이 하고, 말씀에 순종해서 면류관을 받게 하시옵소서. 하나님의 말씀대로 신앙생활을 하여 영광의 자리에 도달하게 이끌어 주시옵소서. 말씀에 따라 기도하게 해주시며, 순종하여 봉사하게 해주시고, 약속의 말씀이 성취될 것을 소망하게 하시옵소서.

예수님의 이름으로 기도드립니다. 아멘.

수요기도회

하나님 아버지,

하늘나라에서의 기쁨을 지금, 맛보게 하시는 구원의 하나님을 향하여 즐거이 외치는 예배의 한 시간으로 이끌어 주시옵소서. 자비로우심이 영원하신 아버지의 이름을 높여드립니다. 성령님의 충만하심이 있어 춤을 추며 기뻐하는 예배로 영광을 받으시옵소서.

하나님께서 원하심은 저희들이 은혜 안에서 자라가는 것인데, 천국 백성으로서 온전함에 이르지 못하고 있음을 회개합니다. 십자가에서 속죄의 제물로 흘려주신 주님의 피로 깨끗함을 받게 하시옵소서.

소망을 모르고 지내던 저희들에게 예수님을 믿어 희망을 갖게 해주셨음에 감사합니다. 어떤 경우가 닥쳐오거나, 어떤 장애가 생겨도 처음 가졌던 소망을 나중까지 계속 가지고 있게 하시옵소서.
이 한 시간, 온전한 마음으로 하나님의 말씀을 받게 하시고 정성된 기도를 드릴 수 있도록 성령님께서 주관해주시옵소서. 진리의 말씀이 넘쳐흐르는 강단을 통해 이 교회가 더욱 든든하게 하시옵소서. 그 진리의 은혜를 통해서 하나님을 배우게 하시옵소서.
성령을 선물로 주셨으니, 성령 안에서 하나 되는 교회가 되기를 원합니다. 하나님의 은혜를 나누며, 무엇을 하든지 하나 되어 주님의 몸을 이루게 하시옵소서. 아름다웠던 초대 교회처럼 마음을 같이 할 수 있도록 인도해주시옵소서. 지금, 저희들에게는 예수님의 사랑이 있으니 이 사랑을 가지고 뜻을 합하는 한 몸이 되게 하시옵소서.
교회의 성도를 성령님께서 붙드시고, 각자가 은사를 맡은 청지기가 되어 지체적인 사역을 감당하게 하시옵소서. 지체가 된 이들 모두가 하나님의 충실한 일꾼이 되어 교회 앞에서 하나님을 섬기게 하시옵소서. 예수님을 닮아 가는 삶이 되게 하시옵소서.
몸이 늙어서 병들어 집이나 병원에서 홀로 있는 이들이 있으니 도와주옵소서. 회복하게 하시는 여호와의 만져주심으로 구원해주시옵소서. 우리 교회에는 병든 지체들이 많습니다. 그분들에게 성령님의 은총이 내려져 싸매어주시는 은혜로 아픈 부위를 낫게 하시옵소서. 이미 연세가 많아져 쇠약해지신 노인들에게는 남은 생애를 주 안에서 보내도록 하시기를 원합니다. 노년의 시간을 하나님을 영화롭게 해드리며 지내시게 하시옵소서. 향기로운 생애로 만들어 주시옵소서.

예수님의 이름으로 기도드립니다. 아멘.

4월 4주

주일찬양예배

신실하신 하나님,
주님의 권속들을 은혜의 자리로 불러 주셔서 영과 진리로 예배하게 하셨으니 영광을 드립니다. 하늘나라에서의 기쁨을 지금, 맛보게 하시는 구원의 하나님을 향하여 즐거이 외치게 하시옵소서. 성령님의 충만하심에 기뻐하여 드리는 찬양을 받으시옵소서.
진실한 믿음이나 열심을 다하는 신앙생활을 하지 못하고, 형식적으로 지낸 시간들도 많았습니다. 하나님의 나라보다는 자신의 유익을 구하기에 바빴던 죄를 주님의 피로 씻어주시고, 용서해주시옵소서.
말씀을 대언하실 목사님께서 단에 오르셨으니 구원에 이르는 생명의 말씀을 선포하게 하시옵소서. 그의 입술을 성령님께서 주관하셔서 이 백성이 천국의 말씀을 듣게 하옵소서. 저희들의 심령은 목이 마른 사슴과 같이 되기를 원합니다. 목사님께서 말씀을 전해주실 때, 생수를 마심이 되게 하시옵소서. 그 말씀에서 저희들을 위하시는 하나님의 사랑을 확인하게 하시옵소서.
주님의 이름을 높이며, 하나님께서 누리셔야 하는 영광을 바치기를 원합니다. 마음으로 무릎을 꿇게 하시고, 받으실 영광을 취하시옵소서. 옛 사람을 십자가에 못 박고, 땅의 것을 버리게 하시옵소서.
나라와 민족이 땅이나 바다로 서로 연결되어 있듯이 이 땅의 사람들이 주님의 사랑으로 하나 되기를 원합니다. 모든 이들이 자기 이익만 바라지 않고, 함께 살아가는 공익을 바라보게 하시옵소서. 저희들의 기도가 나라와 민족을 위함에서 그치지 않고, 세계 평화와 모든 민족의 위해서 헌신하려는 열의로 채워지게 하시옵소서. 우리 주님의 피로 ○○교회를 세워주신 하나님을 찬양합니다. 오늘도 죽어가는 사람들을 구원하시려고, ○○의 지체들을 통하여 복음을 전파하게 하시니 감사드립니다. 지금까지 주님의 일을 해온 저희 교회가 앞으로는 갑절로 더 복음을 전하여 보다 많은 이들이 구원에 이르는 방주가 되기를 원합니다.

예수님의 이름으로 기도드립니다. 아멘.

수요기도회

하나님 아버지,

하늘나라에서의 기쁨을 지금, 맛보게 하시는 구원의 하나님을 향하여 즐거이 외치는 예배의 한 시간으로 이끌어 주시옵소서. 자비로우심이 영원하신 아버지의 이름을 높여드립니다. 성령님의 충만하심이 있어 춤을 추며 기뻐하는 예배로 영광을 받으시옵소서. 하나님께서 원하심은 저희들이 은혜 안에서 자라가는 것인데, 천국 백성으로서 온전함에 이르지 못함을 회개합니다. 십자가에서 속죄의 제물로 흘려주신 주님의 피로 깨끗함을 받게 하시옵소서. 주님과 함께 자신을 십자가에 못 박은 은혜에 들어가게 하셨으니 그 십자가로 말미암아 이제는 '내가 사는 것이 아니요 오직 내 안에 그리스도께서 사시는' 삶을 살게 하시며, '나를 위하여 자기 자신을 버리신 하나님의 아들을 믿는 믿음 안에서' 살아가게 하시옵소서.

소망을 모르고 지내던 저희들에게 예수님을 믿어 희망을 갖게 해 주셨음에 감사합니다. 어떤 경우가 닥쳐오거나, 어떤 장애가 생겨도 처음 가졌던 소망을 나중까지 계속 가지고 있게 하시옵소서.

이 한 시간, 온전한 마음으로 하나님의 말씀을 받게 하시고 정성된 기도를 드릴 수 있도록 성령님께서 주관해주시옵소서. 진리의 말씀이 넘쳐흐르는 강단을 통해 이 교회가 더욱 든든하게 하시옵소서. 그 진리의 은혜를 통해서 하나님을 배우게 하시옵소서.

저희들에게 성령을 선물로 주셨으니, 성령 안에서 하나 되는 ○○교회가 되기 원합니다. 하나님의 은혜를 나누며, 무엇을 하든지 하나 되어 주님의 몸을 이루게 하시옵소서. 아름다웠던 초대 교회처럼 마음을 같이 할 수 있도록 인도해주시옵소서. 지금, 저희들에게 주님의 사랑을 갖고 뜻을 합하는 한 몸이 되게 하시옵소서.

재물의 청지기적인 삶에 불의했던 죄를 고백합니다. 저의 모든 것이 하나님의 것임에도 불구하고 십분의 일도 온전히 드리지 않았음을 용서해주시옵소서. 이후로는 정직한 예물과 십일조를 드려 복을 쌓을 곳이 없도록 부어주시는 은혜를 누리게 하시옵소서.

예수님께서 흘려주신 보혈의 공로를 힘입어서 하나님 아버지를 바라봅니다. 감히, 하나님을 쳐다볼 수 없으나 예수님의 피가 저희들을 죄로부터 깨끗케 하셨으니, 하나님을 아버지라 부릅니다. 자녀를 위하여 베푸시는 아버지의 은혜를 저희들 모두에게 내려주시옵소서.

예수님의 이름으로 기도드립니다. 아멘.

주일찬양예배

어린이들을 사랑하며 예배합니다. 하나님,
오늘은 어린이주일로 지키게 하셔서 더욱 큰 은혜가 되었습니다. 온 가족이 날마다 주님을 섬기며 지내는 복을 주신 하나님을 경배하게 하시옵소서. 저희들의 가족을 통하여 오늘도 하나님의 나라가 이 땅에서 이루어지게 하신 주님을 찬양합니다.
○○의 지체에게 하나님 외에는 다른 신을 섬기지 않고, 그에게 절하지 않겠다는 거룩한 다짐으로 살게 하시옵소서. 오직 하나님만 경배하고, 하나님만 섬기는 은혜의 즐거움을 누리게 하시옵소서.
하나님 앞에서 먼저 죄를 고백합니다. 지난 시간의 발자취를 돌아볼 때, 부끄럽기 그지없습니다. 저희들의 죄가 주홍 같이 붉을지라도 눈처럼 희게 되는 용서의 기쁨을 주시옵소서. 여호와의 불쌍히 여기시는 은혜로 품어 주시옵소서.
생명을 공급해 주시는 하나님의 말씀을 기다립니다. 목사님께서 전해주실 말씀에 감격하는 은혜를 누리게 하시옵소서. 한 마디, 한 마디의 말씀에서 진리를 구하게 하시고, 지키고 따를 생명의 길로 받게 하시옵소서. 저희 무리에게 전하시도록 하나님께서 주시는 말씀을 가감 없이 전하시게 성령님께서 역사해 주시기를 소망합니다.
○○의 지체의 생각은 우리의 뜻이 아니라 주님의 뜻으로 채워 주시옵소서. 저희들의 마음이 주님을 향한 사랑으로 가득 차게 하심

을 믿습니다. 그래서 우리의 참 기쁨이 주님이게 하시옵소서. 하나님께서 바라시며, 우리가 원한다면 우리들 자신이 원하는 사람이 될 수 있음을 확신합니다. 실패할 수밖에 없으며, 망할 수도 있지만, 하나님은 결코 실패하지 않으심을 믿습니다.
주님의 은혜로 저희들에게 친구가 되게 해주셨음을 믿습니다. ○○교회에는 언제나 임마누엘로 함께 해주시옵소서. 주님의 친구는 주님의 말씀을 지킨다고 하셨으니, 온 성도들이 교회를 중심으로 해서 주님의 뜻을 이루어드리는 아름다운 삶을 결단하게 하시옵소서.
예수님의 이름으로 기도드립니다. 아멘.

수요기도회

하나님 아버지,
이 땅의 어린이들을 사랑하시는 하나님을 찬양합니다. 하나님은 모든 이들의 아버지가 되셔서 저희들을 돌보아 주셨습니다. 그 보호하심과 은혜로 살았던 주님의 자녀들이 여호와의 이름을 부르러 모였습니다.
○○의 교우들이 어린이를 사랑하시는 여호와의 은혜를 기리기 원합니다. 그 이름을 불러 하나님은 어린이들의 아버지이심을 곳곳에 선포하기를 원합니다. 우리에게 선물로 주신 어린아이들을 키워주시는 하나님께 감사를 드립니다.
하나님을 위하여 지으신 천국의 백성이 모였습니다. 이 시간에, 하나님의 찬송을 부르게 하시옵소서. 날마다 하나님을 송축하게 하며 지냈던 지체들이 예배의 자리로 나왔습니다. 하나님께 찬미의 제사를 드리게 하시며, 베풀어 주셨던 은혜를 고백하게 하시옵소서.

주님을 의지한다 하면서도 눈에 보이는 것들에 마음을 두고 살았던 시간들이었습니다. 세상 속에서 욕심과 정욕을 따라 살았음을 고백합니다. 믿음보다는 사람의 생각으로, 하나님의 뜻보다는 자신의 일을 이루기 위해서 동분서주하다가 이 시간에 나왔사오니 용서해주시옵소서.

귀한 시간에 목사님을 단에 오르게 하사 말씀을 전하게 하셨습니다. 말씀을 준비하신 목사님께 성령으로 감동해 주시고, 하나님의 뜻이 온전히 선포되기 원합니다. 저희들 모두 순종함으로 듣고 그 말씀을 따르게 하시옵소서. 오늘의 말씀으로 저희를 새롭게 하시옵소서.

오늘도 선포되는 말씀, 약속의 말씀으로 기도하기를 원합니다. 눈으로 보이는 것이 전부가 아니라는 것을 확신합니다. 보이는 소망이 저희들에게 소망이 아님을 깨닫게 하시니 감사드립니다. 이 세상에서 우리의 눈으로 보는 것에 소망의 근원을 삼지 않게 하시옵소서. 소망을 오직 하나님께만 두게 하시옵소서.

거룩하신 하나님의 이름, 그 이름이 저희들에게 생명이 되시고, 영생이 보장이 되셨음에 즐거워하게 하게 하시옵소서. 저희들은 그 이름에 합당한 영광을 드리고, 그 이름으로 소망을 바라보며 지내게 하시옵소서. 저희들을 만족하게 하실 이름은 오직 하나님이십니다.

예수님의 이름으로 기도드립니다. 아멘.

5월 2주 - 어버이주일

주일찬양예배

오늘은 어버이주일로 머리를 숙였습니다. 하나님,
여호와의 성일을 부모님에 대한 은혜를 생각하며, 하나님께 예배합니다. 우리에게 자비로우신 부모가 계시도록 하신 그 사랑에 감사하여 예배하는 저희들이 되게 하시옵소서. 부모가 있으므로 하나님께서 계신다는 확신을 갖게 하시옵소서. 하나님께서는 우리를 친히 돌보시려고 누구나 부모에 의해 자라게 하셨습니다.
저희들의 죄를 고백하오니 용서해주시옵소서. 주님께서 부활하셨건만, 아직도 부활신앙을 갖지 못하고, 방황하고 있습니다. 저희를 죄에서 용서하시고, 사유하심을 받은 기쁨으로 예배드리게 하시옵소서. 이제, 부활의 그날까지 십자가를 지고서 주님의 뒤를 따라 가게 하시옵소서.
하나님의 영광을 구하는 저희들이 되게 하시옵소서. 삶이 고단하고, 염려와 질고로 인하여 육신의 것을 구하기에 급급한 저희들에게 하늘을 보여 주시옵소서. 땅의 것을 하나님께 맡기고, 하늘의 영광을 구하는 저희들에 되게 하시옵소서.
강단에 목사님을 세우셔서 천국의 음성을 듣게 하셨습니다. 말씀을 주실 때, 그 말씀이 손을 금하여 어떤 모양으로도 악을 금하는 힘이 되게 하시옵소서. 영혼을 살리는 말씀이기를 빕니다.
자기 백성에게 선하시며 환난 날에 산성이 되시는 하나님을 찬양합니다. 저희들 앞에 있는 큰 산 같은 고난도 하나님의 능력과 은혜로 평지같이 되게 해주시옵소서. 저희들이 고난을 당할 때 잠시 근심하게 되지만 끝내는 크게 기뻐하게 하실 줄을 믿습니다.
예수님을 믿는다고 입으로만 말하는 것이 아니라, 생활 속에서 그리스도인으로 변화되기를 원합니다. 진심으로 예수님의 다스리심을 즐거워하고, 언제나 구원의 은혜를 경험하기 원하여 간구합니다. 하나님의 자녀로서 거룩하도록 하는 지식을 갖춤에 대하여 소망하게 하시옵소서.
예수님의 이름으로 기도드립니다. 아멘.

수요기도회

하나님 아버지,
저희들에게 부모를 공경하며 지내게 하셨음을 감사하면서 이 시간에 나옵니다. 수요기도회로 모인 ○○의 지체들이 하나님께 영광을 드리게 하시옵소서. 하나님을 예배함에서 저희들의 삶이 시작되어지게 하시옵소서. 하나님의 영광으로 이 자리를 둘러주시옵소서.
하나님의 자비하심으로 저희들의 가정이 복되고, 형통한 은혜를 보게 하시옵소서. 자녀들은 부모를 공경하고, 부모는 자녀들을 축복하는 저희가 되기 원합니다. 저희의 삶에서는 진리의 말씀과 번성케 하시는 은혜로 범사에 잘 되는 것을 보게 해주시옵소서.
갈보리 십자가의 은혜로 저희를 새롭게 하셨음을 감사드립니다. 하나님 앞에서 의롭다 변화를 받았으니 예배하는 지금, 저희의 몸을 하나님께서 기뻐하시는 거룩한 산 제사로 드리게 하시옵소서. 영과 진리로 하나님을 영화롭게 해드리는 한 시간이기를 빕니다. 예배하러 나와 주님의 십자가를 바라보니 눈물이 앞섭니다. 하나님의 사랑을 받기에 합당치 못한 저희들의 삶이었기에 이 시간에 주님 앞에 다 내어 놓습니다. 하나님의 집은 기도하는 곳이건만 저희들은 온갖 욕망과 개인적인 꿈으로 오염시켰음을 용서해주시옵소서.

저희들의 힘이시며, 저희들의 노래가 되시는 여호와의 이름을 즐거워하게 하시옵소서. 여기에 모인 지체들로 하여금 구원이 되시는 하나님을 높이게 하시옵소서. 십자가에서 죽어 끝난 것이 아니라, 부활하심으로 죽음을 이기신 것을 찬송의 주제로 삼게 하시옵소서. 주님께서 어둠을 물리치셨음을 저희들에게 노래로 삼게 하시옵소서.

마음이 완악하여 의에서 멀리 떠난 저희들을 불러 모으신 은혜를 묵상합니다. 생명의 말씀을 주시려고 하나님의 말씀을 듣게 하셨으니 감사드리게 하시옵소서. 머리를 숙인 지체들에게 하나님의 의를 가까이 하게 해주시옵소서. 말씀의 즐거움으로 행복함을 누리게 하시옵소서.

여기에 모인 주님의 백성 모두에게 생명의 말씀을 밝히는 일에 헌신할 것을 다짐하게 하시옵소서. 복음을 모르는 자들에게 성경을 주는 일에 관심을 기울이게 하시옵소서. 아직까지도 복음이 전해지지 않은 이들에게도 성경과 함께 생명의 말씀이 선포되기를 원합니다.

예수님의 이름으로 기도드립니다. 아멘.

주일찬양예배

성령강림절을 지킵니다. 하나님,
하나님으로서 영원히 우리와 함께 하시는 성령님을 찬송합니다. 성령님의 충만하심으로 저희들의 믿음을 참 되게 하시옵소서. 주님 안에서 하늘의 모든 신령한 복에 동참하게 하시옵소서. 성령님의 위로가 ○○의 지체들에게 충만하시기를 빕니다.
이 백성들에게 여호와께서 주가 되어주셨음을 즐거워하여 찬송합니다. 성령님의 감동하심을 귀하게 여기며, 성경을 가까이 하게 하시옵소서. 성령님의 인도하심으로 성경의 말씀에 따라 기도하게 해주시며, 순종하여 봉사하게 해주시고, 약속의 말씀이 성취될 것을 소망하게 하시옵소서.
이 시간에, 죄를 지은 저희들을 용납해 주시고, 회개할 때, 그리스도의 피로 씻음을 받게 하시옵소서. 주님의 은혜가 없으면 살 수 없는 저희들, 말씀대로 살기를 원하였지만 부끄러운 모습으로 살아온 것을 자복합니다. 주님의 영광을 가리는 말을 해왔고, 감정에 따라 행동을 했던 삶을 용서해주시옵소서. 긍휼을 베풀어 주시옵소서.
강단에서 증언되는 말씀에 엎드리게 하시옵소서. 천상의 소리로 전해지는 말씀을 오직 은혜로 받는 은혜를 주시옵소서. 온 교회가 말씀의 영으로 충만해져서 진리의 풍성함을 누리게 하시옵소서.
오늘도 저희들의 소망이 되신 하나님을 사랑합니다. 하나님께서 사랑을 받는 자녀라 불러주시고, 그 은혜로 인도해 주시니 감사드립니다. 날마다 시간을 구별해서 주님의 인자한 말씀을 듣게 하시옵소서.
저희들의 인생의 삶에서, 살아가야 할 길을 열어 주시옵소서. 주님의 뜻에 따라 섬기며 영광을 드리게 하시옵소서. "소원을 두고 행하게 하시나니"라고 약속해주셨습니다. 이 약속으로 인생의 소원을 품게 하시옵소서. 하나님의 나라를 위하여 일을 맡겨 주셨음을 믿습니다.
십자가상에서 흘려주신 예수님의 보배로운 피에 적심을 받게 하시니 감사드립니다. 구원의 하나님을 찬양하게 하시옵소서.
예수님의 이름으로 기도드립니다. 아멘.

수요기도회

하나님 아버지,
지금, 성령님의 충만하심으로 하나님께 대하여 깨어있어야 함을 묵상합니다. 우리 주님의 뜻을 따름에 대하여 새롭게 합니다. ○○의 권속에게 여호와 앞에서 오직 성령님의 충만을 구하게 하시옵소서. 언제라도 하나님의 뜻을 놓치지 않으셨던 예수님의 모습이 바로 저의 삶이 되게 해 주시기를 빕니다.
5월의 시간에, 하나님의 이름 앞에 무릎을 꿇습니다. 우리 하나님은 측량 못할 만큼 광대하시므로 ○○의 지체로부터 크게 찬양을 받아 주시옵소서. 하나님의 행사를 높이 찬송하는 저희들이기를 빕니다. 갈보리 산의 골고다 언덕을 찬송으로 삼게 하시옵소서.

이 시간의 예배로 하나님의 능하심을 선포하게 하시옵소서. 하나님의 자녀가 된 행복을 즐거워하며 예배하게 하시옵소서. 짧은 시간이지만 천국 잔치의 신령함으로 기쁘게 하실 하나님을 바라게 하시옵소서.

주님의 은혜가 없으면 살 수 없는 저희들, 말씀대로 살기를 원하였지만 부끄러운 모습으로 살았습니다. 긍휼을 베풀어 주시옵소서. 주님의 영광을 가리는 말을 해왔고, 감정에 따라 행동을 했던 삶을 용서해주시옵소서. 절제하지 못하고, 혈기를 일삼으며 살았던 날들이었습니다.

예배하는 권속들에게 저희를 온전케 하시는 하나님을 바라보는 저희들이 되기를 빕니다. 이로써 세상의 모든 무거운 것과 얽매이기 쉬운 죄를 벗어버리는 은혜로 살아가게 하시옵소서. 오직 성령님의 충만하심으로 믿음의 경주를 잘 경주하게 해주시옵소서.

아버지 앞에서 거룩한 자녀의 삶을 살아드리는 자녀 된 충성을 보이게 하시옵소서. 저희들에게 명하신 말씀들에 순종하는데 충성을 다해서 반석 위에 세워지도록 도와주시옵소서. 하나님의 자녀로 구별해 주셨으니 자녀답게, 천국백성답게 지내게 하시옵소서.

지체들이 예비 된 은혜를 누리게 하옵소서. 저희들의 심령의 그릇마다에 하늘의 문이 열리고 쏟아지는 은혜를 받아 누리게 하시옵소서. 누르고 흔들어, 넘치도록 부어주시는 은혜를 받게 하시옵소서. 위에서 내려오는 은총으로 결박하고 있는 문제들이 풀리게 하시옵소서.

예수님의 이름으로 기도드립니다. 아멘.

5월 4주 - 삼위일체주일

주일찬양예배

삼위일체주일로 불러주셨습니다. 하나님,
거룩한 날에 ○○ 교회의 권속이 예배합니다. 저희들의 눈을 열어 주시어 보혜사로 오신 성령님을 맞이하게 하시옵소서. 성령님께서 우리 가운데 임하심으로 능력으로 새롭게 하심을 기다립니다. 의롭게 해주시는 은혜의 옷을 입게 하시옵소서.
죄를 지었던 삶에서 돌이켜 회개하고, 모든 죄에서 떠나는 용기를 주시옵소서. 말과 행동으로 불신앙의 삶을 살았던 죄를 주님의 보혈로 씻어 주시옵소서.
사랑하는 ○○의 지체가 하나님 앞에서 기노의 사람으로 세워시기를 빕니다. 예루살렘의 다락방에 모였던 이들이 기도에 전혀 마음을 같이했던 은혜가 저희들의 것이 되게 하시옵소서. 저희들은 기도에 힘쓰는 교회가 되어 하늘의 문을 여는 능력이 나타나기를 소망합니다.
병으로 신음하는 지체들의 아픔을 나사렛 예수 이름으로 깨끗하게 치료하여 주시고, 영혼을 구원하여 주시옵소서. 그들의 정신과 영혼과 육체가 새로운 활력을 찾게 해주시기를 빕니다. 회복된 건강한 몸과 마음으로 가족들과 화목하고 이웃에게 봉사하는 삶이 되게 하시옵소서.
주님께서 주셨음을 생각하여, 작은 일에도 감사하는 심령으로 만들어 주시옵소서. 비록 바라지 않은 일을 하게 되거나, 어려운 일에 부딪치더라도 감사함으로 받아들이며 살게 하시옵소서. 시시때때로 복을 내리셔서 저를 지켜주시고 건강과 힘을, 안락함을 누리게 하시옵소서.

우리 교회가 성령님의 충만하신 역사로 부흥되어, 하나님의 나라가 확장되는 것을 바라봅니다. 성령님께서 우리들 각자에게 주신 은사를 사용하게 하심으로써 하나님의 영이 충만한 ○○교회를 만들게 하시옵소서. 저희들에게 주신 것을 나를 위하여 쓰지 않고, 하나님의 교회를 위해서 드릴 수 있는 영광에 감사하게 하시옵소서.

예수님의 이름으로 기도드립니다. 아멘.

수요기도회

하나님 아버지,

하나님의 크고 위대하심에 영광을 드립니다. 성령님께의 충만하게 하심으로 저희들을 하나님의 품으로 이끄시고, 풍성한 은혜를 누리게 하셨음에 영광을 드립니다. 성령님의 오심으로 말미암은 영광은 하나님의 것이오니, 이 시간에, 영광을 받으시옵소서.

지금, 저희를 죄악이 관영한 곳에 머물지 않게 하심을 감사드립니다. 알면서도 죄를 짓는 연약함에 있으나 하나님께로 불러주신 사랑에 탄복하며 감사드립니다. 주님의 사랑은 측량할 수 없는데, 저희는 늘 죄짓는 생활뿐이었습니다. 모든 죄를 주님의 피로 씻어주시옵소서.

○○의 지체들에게 여호와의 전능하신 손으로 영광을 나타내시

옵소서. 저희들에게 큰 복을 주시는 하나님을 만나게 하시옵소서. 저희들이 번성해지는 것을 원하시는 하나님의 은혜를 보게 하시옵소서. 하늘 권세로 누르고 흔들어 넘침을 누리게 하시옵소서.
이곳에 하나님께서 허락하신 성전을 세우셨으니 저희로 하나님의 은혜를 나누며 교제하는 귀한 시간이 되게 하시옵소서. 저희의 의지와 생각이 주님 앞에서 하나로 묶어져 더욱 큰 믿음으로 성장하게 하시며, 그 믿음이 죽을 영혼도 살려내는 생명력이 넘치는 믿음이 되게 하여 주시옵소서.
오늘, 예배를 통해서 하나님의 말씀을 저희들에게 주시옵소서. 그 말씀을 받을 때, 성령님으로 감동해 주셔서 그 말씀대로 살고자 결단하게 하시옵소서. 그리고 순종을 통해서 하나님의 말씀에 응답하게 하시옵소서. 말씀을 받음에서 하나님의 나라와 권세를 이 땅에서 누리는 기적이 시작되게 하시옵소서.
이 시간에, 하나님의 기적을 보게 하옵소서. 인간의 힘만으로는 어떻게 할 수 없는 일들이 저희들을 힘들게 하고 있으니, 여호와의 기적을 보여 주시옵소서. 저희들의 눈물의 기도가 백만 군대의 함성소리로 들려져 여리고를 무너지게 하신 은혜를 보게 하시옵소서.
저희들 중에, 병든 지체를 위하여 부르짖습니다. 치료해주시는 주님의 은총을 빕니다. 질병의 세포를 소멸해주시고 생명세포가 충만해지게 하시옵소서. 그만, 신음하는 환우들의 소리를 거두시고 자비를 베풀어 주시옵소서. 육과 영이 치료 받는 은혜를 보게 하시옵소서.
예수님의 이름으로 기도드립니다. 아멘.

6월 1주 - 현충일 예배

주일찬양예배

주님의 날에 현충일 예배로 나아옵니다. 하나님,
갈보리에서 흘리신 주님의 피가 저희들을 죄로부터 자유하게 하셨음에 감사드립니다. 주님의 속죄로 말미암아 하나님 앞에서 의롭다 인정을 받게 하셨음을 확신하게 하시옵소서. 혹시라도 저희들이 죄를 지었을 때, 주님의 피가 회개의 은혜가 됨을 잊지 않게 하시옵소서.
머리를 조아린 지체에게 진심으로 여호와를 경외하여 섬기게 하시옵소서. 저희들이 하나님께로부터 지혜를 얻으며 교훈을 받게 해주시옵소서. 땅의 지혜를 거절하고, 하늘의 지혜를 갖게 하시옵소서. 하나님 앞에서 떨며 즐거워하게 하시옵소서.
오늘, 저희들을 불쌍히 여기셔서 말씀의 꼴로 배부르게 하시옵소서. 저희들을 영과 진리로 인도하시는 생명의 말씀을 주시옵소서.
말씀을 선포하시는 목사님께 성령님의 충만하심이 있기 원합니다. 성경을 기록하게 하셨던 성령님의 충만하심이 전하는 자와 그 말씀을 받는 저희들에게 동일하게 역사하시기를 빕니다.
이 시간에, 병상에 있는 교우들을 위하여 간구합니다. 하나님의 인자와 자비로 그들을 치료해주시옵소서. 속히 건강을 회복하게 하시옵소서.
신앙의 성공으로 세상을 이기는 은혜를 보게 하시옵소서. 세상이 주는 것들보다도 더 좋은 것, 새 생명을 알게 하시옵소서. 저희들에게 이제까지 알지 못하던 것을 알게 하시옵소서. 천국의 아름다움을 사모하도록 이끌어 주시옵소서. 천국을 보고자 하는 마음을 주시옵소서.

○○교회의 권속은 주님을 향한 사랑으로 가득 차게 하심을 믿습니다. 이로써, 저희들의 참 기쁨이 주님이게 하시옵소서. 저희들을 사용하셔서 무엇에든지 주님의 거룩하신 뜻이 드러나기를 원합니다. 저희들 각자에게는 하나님의 뜻을 이루어 드리는 손과 발이 되게 하시옵소서.

예수님의 이름으로 기도드립니다. 아멘.

수요기도회

하나님 아버지,

주일을 지난 이후, 삼일 동안을 지내면서 하나님의 영광을 묵상하게 하시니 감사드립니다. 먹든지, 마시든지, 무엇을 하든지 저희가 다 하나님의 영광을 위하여 하게 하셨던 은혜에 감사함을 주시옵소서. 하나님의 영광을 위하여 저희를 창조하신 사실을 잊지 않게 하시옵소서.

회개하고 돌이켜 죄 없이 함을 받으라 하셨으니, 먼저 죄를 고백합니다. 저희들은 어리석어서 부지불식간에 죄를 짓고도 모릅니다. 연약한 인간의 모습 속에서 짐짓 죄를 짓기도 합니다. 저희들의 죄가 주홍 같이 붉을지라도 눈처럼 희게 되는 용서의 기쁨을 주시옵소서. 원근각처에서 흩어져 살던 지체들에게 평강의 길로 인도해주셨음을 묵상합니다. 지금, 기도회에서, 그 은혜에 감격하는 응답을 주시옵소서. 자신이 저희 것이 아니라 주님의 것임을 새롭게 깨닫습니다.

저희들의 몸으로 하나님께 영광을 돌려드림에 주목하게 하시옵소서. 옛 사람으로 지낼 때, 유익하던 것을 무엇이든지 거절하게 하시고, 주님의 것이 된 삶을 살도록 해주시옵소서. 저희들의 삶 자체가 예물이 되어 하나님께 봉헌이 되게 하시옵소서.

저희들에게 여호와를 사랑하는 열정을 품게 하옵소서. 하나님을 사랑하기 때문에 자신의 영화보다는 하나님의 영광을 위하여 헌신하게 하시옵소서. 하나님의 영광을 위해서 무엇이라도 하겠다는 소원을 갖게 하시옵소서. 교회에 꼭 필요한 일을 하겠다는 소원을 갖게 하시옵소서.

세상을 이기게 하시고, 세상에서 주님의 증인되는 복을 허락하여 주시옵소서. 이웃을 위하여 기도하고 봉사하게 하시고 그들의 필요에 도움의 손길이 될 수 있는 복을 허락하여 주시옵소서. 저희에게 하나님이 공급하시는 힘으로 이웃을 위하여 헌신할 수 있는 믿음을 더하여 주시옵소서.

하나님께서 받으시는 예배에 주목하지 못했던 지난 시간들을 고백합니다. 신령과 진정으로 하나님을 예배하지 못하고, 형식적으로 임한 죄를 용서해주시옵소서. 이제는 목숨을 걸고 하나님을 예배하겠습니다. 영이신 하나님을 신령과 진정으로 예배하기를 다짐하게 하시옵소서.

예수님의 이름으로 기도드립니다. 아멘.

6월 2주

주일찬양예배

공의를 펴시는 하나님,

주님의 몸 된 ○○의 교회가 하나님 앞에서 거룩한 공회가 되게 하셨음에 감사드립니다. 갈보리에서 흘리신 주님의 피를 통해서 저희들을 하나가 된 공동체를 모으셨음에 감사드립니다. 성령님께서 이 교회를 보호하시며 보전해주시옵소서.

하나님을 잊고 지냈던 자신을 회개합니다. 제 욕심에 집착하여 도우시는 하나님을 잊었고, 옛 사람의 행실을 즐거워했던 죄를 용서해주시옵소서. 예수님의 보혈로 다시 한 번만 씻어 주시옵소서.

○○의 지체를 사랑하셔서 말씀을 듣게 하시니 감사드립니다. 선해주시는 그 말씀을 사랑하며 살고, 눈동자처럼 그 진리를 지키게 하시옵소서. 이 시간에 한 사람도 거저 왔다가 거저 돌아가는 자가 없도록 말씀을 통하여 은혜를 내려 주시옵소서.

저희들에게 기꺼이 주님을 위해서 목숨을 바침으로 얻을 수 있는 은혜로 나오게 하시옵소서. 주님께서 저희를 위해 목숨을 버리신 사랑을 배우게 하시옵소서. 저희가 이로써 사랑을 깨달아 마땅히 저희가 형제를 위해 목숨을 바치게 하시옵소서. 하나님을 사랑하여 저희들 자신을 드리게 하시옵소서.

악하고 음란한 이 때, 저희들에게 더욱 부르짖는 간구의 소리가 있게 하시옵소서.

○○교회의 권속이 성령님의 충만하심을 사모하도록 하시옵소서.

초대 교회가 시작될 때, 120 명의 사람들이 약속하신 성령을 받기 위해서 간절히 기도했던 다락방의 은혜를 지금, 보여 주시옵소서. 오직 성령님만이 저희들의 심령을 거룩하게 하시고 하나님을 구하게 하실 줄로 믿습니다.
교회를 통하여 역사하시는 주님께 간구합니다. 저희 교회로 주님의 거룩한 지체가 되게 하시어 믿지 않는 이웃을 위하여 기도하고 그들을 위하여 봉사할 수 있는 저희가 될 수 있도록 은혜를 더하여 주시옵소서. 주님의 사랑을 나누어 줄 수 있도록 하여 주시옵소서.
예수님의 이름으로 기도드립니다. 아멘.

수요기도회

하나님 아버지,
하나님 앞에서 머리를 숙인 지금, 저희들의 죄악을 숨기지 않게 하시옵소서. 깨닫지도 못하고, 알지 못하게 저질렀던 죄는 주님의 보혈로 사함을 받게 하시옵소서. 회개의 영으로 저희들의 심령을 충만하게 하시옵소서. 주님의 은혜를 구하도록 상한 심령을 주시옵소서.
저희들은 지난 시간을 지내면서 주님을 기쁘시게 하지 못하고, 저희들의 육신을 위하여 이기적인 욕망과 많은 죄악에서 살아 왔습니다. 저희들의 회개를 들어주시고 용서해주시옵소서. 이제, 참으로 죄를 거절하며 살 수 있는 믿음의 용기를 주시옵소서.
예수님의 영을 저희들의 마음 가운데 보내셔서 하나님을 아바 아버지라 부르게 하셨음에 감사드립니다. 이제, 하나님의 자녀 된 신분으로 성령님의 충만을 구하게 하시옵소서. 저희들에게 성령님을 보내주셔서 그 충만하심으로 세상을 살게 하시옵소서.

우리 ○○의 공동체에 초청의 은혜가 충만하기를 빕니다. 우리 교회가 멸망으로 죽어가는 이들을 구원의 자리로 초청하는 공동체가 되게 하시옵소서. 저희들의 입술로 인하여 주님이 증거 될 수 있도록 함께 하여 주시옵소서. 우리 교회가 생명으로 인도하는 구원선의 교회가 되게 하시옵소서.

사랑하는 교우들에게 화평의 생활에 힘쓰게 하옵소서. 저희들 모두가 작은 예수가 되어, 세상에 대하여서는 십자가를 지는 종으로 살아가기를 원합니다. 저희들의 이웃에 대하여 화평으로 섬기는 착한 행실을 통해서 하나님의 나라가 이루어지는 것을 보게 하시옵소서.

하나님을 예배하는 데 민감하지 못했던 죄를 고백합니다. 예배 시간을 소홀히 여겨 지각하거나 때로는 주일을 성수하지 않을 때가 많았음을 용서해 주옵소서. 하나님의 영광보다는 잠깐 동안에 유익에 마음을 빼앗겼던 죄를 용서하시옵소서.

지역사회를 구원하시려고 주님의 참된 터 위에 저희 교회를 세우셨으니, 세상에서 방황하던 이들이 다 ○○교회에서 쉼과 평안을 얻을 것을 믿습니다. 죄 가운데 빠져있는 이들이 죄 사함을 받고 구원을 얻는 구원의 방주가 되게 하시옵소서. ○○교회가 사람들로부터 비방거리가 되지 않게 하시고, 하나님의 뜻을 성취해 드리지 못하도록 하는 사탄의 유혹을 물리치게 하시옵소서.

예수님의 이름으로 기도드립니다. 아멘.

6월 3주

주일찬양예배

우리를 돌아보시는 주여,
이기심이 가득 찬 저희들의 마음을 아버지께 드립니다. 주님의 사랑으로 이기심을 털어내어 주시옵소서. 주님의 뜻대로 산다하면서 그렇게 살지 못한 연약한 의지를 주님께 드리니 이 시간에야말로 새롭게 하시옵소서. ○○의 지체들이 주 안에서 공동체를 즐거워합니다.
하나님 앞에서 지은 죄를 회개합니다. 성령님의 깨닫게 하시는 은혜로 죄를 찾아내게 해 주시고, 고백하게 하시옵소서. 죄악의 찌끼를 청결하게 하며, 더러운 것들을 다 제하여 버리게 하시사 주님 안에서 온전한 새로운 피조물 되게 하시옵소서.
오늘도 은혜와 진리의 말씀을 받게 하시니 감사드립니다. 목사님을 통해서 하나님의 음성을 가까이 하게 하시옵소서. 그리스도 안에 있으면 새로운 피조물이라고 약속하심에 따라 강단에서 선포되는 말씀으로 새로워짐이 경험되고, 말씀에 민감하여 새롭게 살아가게 하시옵소서.
저희들, 주님과 연합하여 주님의 모든 부요와 은사들을 누리게 하시옵소서. 우리 교회에 허락하시는 하늘의 신령한 복에 동참하게 하시옵소서. 또한 여호와 앞에서 존귀한 지체들, 서로가 서로를 위하여 섬김의 삶을 살게 하시옵소서.
이 시간에, 간절히 구하니 하늘의 은총으로 부요하기를 원합니다.

저희들의 메마른 심령을 주님의 크신 사랑으로 채워주시옵소서. 주님의 피로 뜨겁게 적셔 주시옵소서. 그리하여 저희들이 생명의 풍성함을 누리도록 이끌어 주시옵소서.
한 가지 소원을 주셔서 최선을 다하여 하나님을 사랑하는 저희들이 되게 하시옵소서. 주님을 깊이 사랑하고, 주님을 가장 귀하게 여기도록 감동해주시옵소서. 주님의 사랑이 저희들의 가슴에서 싹이 트고 움이 터지기 원합니다. 그 사랑에 감격하고, 그 은혜 감사하게 하시옵소서.
예수님의 이름으로 기도드립니다. 아멘.

수요기도회

하나님 아버지,
우리 하나님을 예배하기 위하여 머리를 숙인 지금, 저희들에게 저희들 자신의 뜻대로 살지 않고, 하나님의 뜻대로만 살아가겠다는 결단하게 하는 은총의 경험을 주시옵소서. 저희를 붙드시고 의인의 요동함을 영영히 허락지 아니하시는 주님의 은혜를 기뻐하게 하시옵소서. 믿음으로 견고하며 흔들리지 말며 항상 주님의 일에 더욱 힘쓰는 자들이 되게 하시옵소서.
저희들의 죄를 제거해주시고, 그 자비로써 저희들의 마음에 성령의 불을 붙여 주시옵소서. 돌 같은 마음에 새로운 마음을 허락하셔서 기쁜 마음으로 하나님을 따르며 즐거워 할 수 있는 귀한 믿음을 주시옵소서.
○○의 성도들에게 우리 하나님 앞에서 귀히 쓰임을 받는 그릇이

되기를 소망하게 하시옵소서. 주인이 되신 하나님의 쓰심에 합당하도록 성령님의 인도하심을 빕니다. 하나님께서 쓰시려 하실 때, 어떤 모습으로든지 드려지도록 준비되게 하시옵소서. 귀하게 쓰임을 받아 착하고 충성된 종이라는 칭찬을 받게 하시옵소서. 그리하여 주님의 사랑을 가지고, 불신자들을 주님의 품으로 초청하는 저희들이 되게 하시옵소서.
사슴이 시냇물을 찾기에 갈급함 같이 내 영혼이 주를 찾기에 갈급해 말씀을 사모하게 하시옵소서. 하나님의 말씀을 좇아 거룩해지게 하시옵소서. 이로써 말씀으로 저희들의 부족함이 채워지기를 원합니다. 한절의 말씀에, 심령은 뜨겁고, 믿음으로 살아가게 하시옵소서.
오늘, 교회가 주님 앞에서, 또한 이 세상을 향해서 맡은바 사명을 다하여, 세상에서 감당해야 될 역할을 충분히 감당하게 하시옵소서. 저희 교회도 함께 하셔서 성령의 역사로 살아 움직이며 생명력이 넘치는 교회가 되게 하여 주시옵소서. 영혼을 구령하는 일에 포용력을 주시며, 불의에 대해서는 단호하게 하시옵소서.
질병으로 눈물을 쏟고 있는 지체들이 “내가 주께 부르짖으매 나를 고치셨나이다.”라고 고백하는 은혜를 경험하게 하시옵소서. 무릎을 꿇어 기도하는 환우들의 기도를 응답해 주사 치료해 주시옵소서. 주님의 긍휼과 능력을 구하는 지체들의 뜨거운 눈물의 기도를 들어주시옵소서.

예수님의 이름으로 기도드립니다. 아멘.

6월 4주 - 한국전쟁일 예배

주일찬양예배

한국전쟁일을 기억하며 예배합니다. 하나님,
1950년에 북의 남침으로 시작된 한국전쟁, 그 동족상쟁의 비극에서 이 백성과 이 나라를 구해주신 하나님을 경배합니다. 저희들을 자녀삼아 주시고 하나님의 은혜 가운데 평안을 누리게 하셨으니, 영과 진리로 예배하게 하시옵소서. 하나님의 도우심과 지켜주셨음에 머리를 조아려 즐거움의 예배로 영광을 나타내게 하시옵소서.
자기의 십자가를 지고 주님을 좇는 것을 즐겁게 하셨습니다. 저희들에게 날마다 자신을 부인하도록 은혜를 내려 주시옵소서. 저희들을 주장하던 자리에 주님의 십자가를 내세우게 하시옵소서. 자신을 부인하고, 십자가를 지기에 조금의 부족함도 없는 지체가 되게 하시옵소서.
말할 수 없이 어리석게 살아온 시간들을 고백합니다. 하나님 앞에서 둔감한 양심으로 살아 죄를 멀리하지 못하였던 삶을 고백합니다. 거룩하고, 참되지 못한 저희들의 마음을 주님 앞에 내어 놓습니다. 주님의 아름다우심으로 그것을 깨끗하게 하시옵소서.
하나님의 말씀을 사모함으로 받게 하시옵소서. 말씀을 선포하시는 목사님을 권세 있게 하시옵소서. 강단에서 선포해주시는 말씀에 귀 기울여 듣는 모든 자들이 성령의 역사하심을 체험하고, 거룩한 삶으로 응답하고자 결단하는 시간이 되게 하시옵소서.

지금, 저희들 무리에게 "상심한 자들을 고치시며 그들의 상처를 싸매시는" 은혜가 있기를 소원합니다. 잠시 질병으로 고통 당하고 있으나 병 낫기를 기도하면서 십자가 너머에 있는 소망을 바라보는 은혜를 내려 주시옵소서. 하나님께 영광을 돌리게 하시옵소서. 오직 마음을 다 드리는 지금, 감사로 제사하는 심령의 저희들이 되어 여호와의 영광을 인정하게 하시옵소서. 주님의 은혜가 언제나 저희들의 심령에 머무르기를 원합니다. 저희들의 영혼이 주님의 사랑과 뜻에 적합한가를 염려하는 것 외에는 아무것도 염려하지 말게 하시옵소서.

예수님의 이름으로 기도드립니다. 아멘.

수요기도회

하나님 아버지,

이 나라와 민족을 지켜주시는 은혜가 새로운 시간입니다. 한국전쟁으로 하나이어야 하는 민족이 서로의 가슴에 총부리를 겨누고, 금수강산에 피가 뿌려졌던 땅이었음을 기억해 주시옵소서. 인간의 욕심이 전쟁을 불러오고, 그 전쟁으로 수많은 형제들이 피를 흘렸습니다.

이 시간에, 이 세상의 모든 피조물들이 창조주이신 하나님께 감사드리기 원하여 기도합니다. 온 땅이 하나님께 즐거운 소리를 발하게 하시고 그 이름의 영광을 찬양하고 영화롭게 하시옵소서. 모든 나라 위에 높으시며 그 영광이 하늘 위에 높으신 하나님께 저희들이 바쳐야 할 영광을 올려 드립니다.

저희들의 죄를 자복할 수 있는 은혜를 원합니다. 하나님의 영광을 가릴 만한 죄들을 회개하게 하시며, 용서하심의 은혜로 새롭게 하시옵소서. 이제, 지은 모든 죄를 고백하고 뉘우치오니 용서해주시옵소서. 상한 심령으로 엎드려 호소할 때, 사유하시는 자비를 베풀어 주시옵소서

주님의 말씀을 지키는 ○○교회 공동체가 되기를 소원합니다. 여기에 모인 이들이 주님의 이름을 배반하지 않으며, 주님의 이름 안에서 의의 열매를 가득히 맺어드리는 저희들이 되기를 빕니다. 오직 여호와의 영광을 구하며, 하늘의 영광을 전하게 하시옵소서. 우리 교회가 불신자에게 생명수를 파는 곳이 되게 하시옵소서. 우리 교회를 통하여 죽어가는 자들이 생명의 양식을 사 먹는 은혜를 주시옵소서. 돈 없이 사먹고, 값 없이 사먹는 교회가 되게 하시옵소서. 생명에 이르는 복음을 나눔에 풍성하게 하시옵소서.

○○의 권속을 하나님 나라의 일꾼으로 삼아주시옵소서. 이제, 삶의 목표가 하나님의 뜻을 이루어드리는 것이 되게 하시옵소서. 모두가 자신들이 맡은 자리에서 천국을 이루게 하시옵소서. 주님의 일을 기쁨으로 성취하게 하는 하나님의 나라로 이루어짐을 소망합니다.

오늘, 성령님의 충만함이 있기를 원합니다. 성령님께로 들어가서 성령님께서 믿게 하시는 대로 믿는 저희들이 되고 싶습니다. 성령님이 이끌어 주시는 대로 순종하는 교회가 되고, 지체들이 되게 하시옵소서. 저희들의 심령에 성령님의 체험이 있도록 도와주시옵소서.

예수님의 이름으로 기도드립니다. 아멘.

6월 5주

주일찬양예배

생명을 주신 하나님,

멸망당할 죄인을 위하여 독생자를 세상에 보내 주신 하나님의 계획을 찬양합니다. 오늘도 저희들의 생명에 새로운 날을 주셨으니, 이 모인 자리를 새롭게 하시옵소서. 저희들을 구원하시므로 새 생명을 지으신 하나님께 감사합니다.

저희들은 때로는 주님의 간섭이 귀찮고, 자신의 이기심으로 살아보려 하였는데, 용서해주시옵소서. 이제는 하나님의 긍휼하심을 받고, 때를 따라 돕는 은혜를 얻는 것에 목마르게 하시옵소서. 사유하시는 은총으로 새롭게 다짐하여 여호와를 앙망하게 하시옵소서.

이 시간에도 하나님의 말씀을 사모합니다. ○○의 성도들에게 하나님의 말씀을 귀하게 여기는 은혜를 경험하게 하시옵소서. 주님의 집에 속한 모든 이들이 천국의 법도를 사랑하게 하시옵소서. 말씀을 전하시려고 단에 오르신 목사님께 성령님의 역사기 임하시기를 원합니다. 그의 입술에 능력과 권세를 나타내어 주시옵소서.

하나님의 크신 은혜와 저희들을 위하여 계획된 언약적인 복을 누리게 하셨음에 감사합니다. 우리 ○○교회의 성도들과 함께 하나님의 약속을 받아 누림이 있게 하시옵소서. 삶의 현장 안에서 복음으로 승리를 하며, 전도자로 살아가도록 하시옵소서.

우리 주님께서 이 땅에 계시던 동안에, 하나님께 순종하셨던 삶이 저의 것이 되게 하시옵소서. 이 시간에, 성령님께서 주님의 생각과 마음을 저에게 부어주시옵소서. 하나님을 사랑하는 저희들의 마음을 하나님께 주목하는 심령으로 내보이게 하시옵소서. 신앙의 실체는 바람보다 반응하여 행실로 나타냄인 줄로 믿습니다.
예수님의 참된 터 위에 저희 교회를 세우셨으니, 세상에서 방황하던 심령들이 다 교회에 나와서 쉼과 평안을 얻는 은혜를 누리게 하시옵소서. 죄 가운데 빠져있는 심령들이 죄 사함을 받고 구원을 얻는 구원의 방주가 되게 하여 주시옵소서.
예수님의 이름으로 기도드립니다. 아멘.

수요기도회

하나님 아버지,
오늘을 수요기도회의 날로 삼게 하시고, 여기에 모이도록 하시니 감사합니다. 부르짖기를 사모하여 모인 지체가 하나님께 찬송을 드릴 때, 회개의 영으로 충만해지기를 원합니다. 행위로는 죄를 짓지 않았으나 마음으로 주님을 떠나있던 죄를 회개합니다.
아직도 하나님을 모르는 사람들은 우상숭배를 버리지 못하고 있습니다. 나라의 크고 작은 행사에 미신을 섬기는 일들이 벌어지고 있음을 용서해주시옵소서. 죄를 버리고 하나님께로 돌아오는 이 백성이 되게 하시옵소서. 육체를 자랑하는 일을 거절하고 거룩한 백성, 거룩한 민족이 되게 하시옵소서.
설교를 위하여 단 위에 세우신 목사님께 기름 부으심을 강하게 하시옵소서. 그에게 하늘로부터 임한 권능으로 영육간의 강건함을 주시옵소서. 주저앉았던 저희들은 그 말씀으로 다시 일어나는 체험을 주시옵소서. 말씀의 생수로 메마른 영혼이 시원해지게 하시옵소서.

담임 목사님과 교역자들을 위해서 기도하게 하시옵소서. 바울이 곤경에 처할 때 좋은 동반자가 되었던 디도와 같이 목회자들과 함께 하는 지체들이 되게 하시옵소서. 담임 목사님과 같은 믿음을 따라 그의 편에 서서 성도의 삶을 살도록 이끌어 주시옵소서.

지금, ○○교회의 가족들에게 건강의 은혜를 주시기 원합니다. 질병의 그늘 아래에서 고통 가운데 있는 이들에게 주님의 얼굴을 향하여 주시옵소서. 그들이 눈물로 기도하는 병상에서 여호와 우리 하나님의 거룩하심이 선포되기 원합니다.

살아가는 것이 힘들어서 예수님께서 지상명령을 소홀히 했던 죄를 고백합니다. 생명을 살리라고 주신 전도의 사명을 오히려 부담으로 여겼음을 용서해주시옵소서. 전도를 제일 우선으로 여기겠습니다. 온 천하에 다니면서 만민에게 복음을 전파하는 생활에 힘쓰도록 해주시옵소서.

오는 주일에는 맥추감사절로 지키게 하시니 감사합니다. 지난 1월에 시작되어 지금까지 지내오면서 받아 누리게 된 사랑이 얼마나 어마어마하였는지요? 하늘의 문을 여시고 베풀어주신 은혜, 첫 감사로 예배하기를 원합니다. 드림의 날을 기다리게 하시옵소서.

예수님의 이름으로 기도드립니다. 아멘.

주일찬양예배

연중의 첫째 감사절기로 맥추감사절을 지킵니다. 하나님, 맥추감사절을 보내면서 풍성한 감사를 드리고 즐거워하게 하시니 감사드립니다. 저희들이 억지로나 인색함으로 드리지 않음에서 기뻐하게 하시옵소서. 주님께는 감사하고 저희들에게는 서로가 즐거움으로 기쁘게 하시옵소서. 맥추감사절의 하나님께 영광과 찬송을 드립니다.
자기 백성을 향해서 임마누엘로 같이 하신 그 은혜를 감사합니다. 주님과 복음을 위하여 자신을 내어놓은 저희들과 ○○교회가 되도록 이끌어 주시옵소서. 하나님의 일이 이루어지고, 수님의 나라가 어서 속히, 이루어지는데 힘을 다하는 저희들이 되기 원합니다.
지금, 돌이켜볼 때, 허물이 많이 있음을 고백합니다. 저희들의 심령이 죄로 더러워졌고, 마음이 죄로 가득 찼음을 회개합니다. 매일, 매일의 생활에서 후히 주시고 꾸짖지 않으시는 하나님을 체험하게 하심을 믿어 용서를 구합니다.
여름의 햇살을 받으면서 만물이 생기를 더해가는 이 때, 말씀과 성령님의 은혜로 생기를 더하기 원합니다. 영혼을 소성케 하시는 은혜를 소망하게 하시옵소서. 마른 땅에 내리는 단비와 같이 성령님으로 촉촉하게 심령이 젖는 이 달의 삶이기를 소망합니다. 하늘의 문을 여시고, 성령님의 강림하심을 누리게 하시옵소서.

이 예배를 위해서 목사님으로 하여금 말씀을 준비하게 하심에 감사드립니다. 감사의 메시지를 전해주실 때, 크게 영광을 드리게 하시옵소서. 저희들의 영혼을 새롭게 하고, 하나님의 사람으로 세상에 나갈 담대함을 주시는 말씀이 들려질 것을 믿습니다.
오늘도 하나님의 말씀에 순종하게 하시옵소서. 종교적인 의무에서의 순종이 아니라 하나님을 사랑하기 때문에 순종을 즐거워하게 하시옵소서. 저의 생각하는 것이나 말을 하는 것 그리고 무엇을 행하든지 그것이 순종을 통해서 하나님께 나아가는 길이 되기를 빕니다. 순종하기에 성실함으로 복된 행실을 누리게 하시옵소서.
예수님의 이름으로 기도드립니다. 아멘.

수요기도회

하나님 아버지,
저희들의 손에 첫 수확물이 들려졌음에 감사드립니다. 땅은 기름지고, 골짜기마다 비가 내려 농부가 소산물의 즐거움을 누리듯이, 저희들에게도 거두게 하심에 따라 감사하는 무릎을 꿇었습니다. 풍성함을 이웃들과도 나누게 하시옵소서.
오늘도 사랑하는 백성들에게 풍성한 소출을 주시는 하나님을 찬양합니다. 저희들이 살아가고 있는 삶의 현장에서 30 배, 60 배, 혹은 100 배로 거두게 하시는 여호와의 손길을 바라봅니다.
돌이켜 볼 때, 선한 일에 열심을 내지 못한 저희들을 용서해주시옵소서. 저희들 개인적으로나 교회적으로 몸소 행했어야 하는 선한 일들이 많은데 부족했음을 회개합니다. 주님의 보혈로 죄를 씻어주시옵소서.
저의 믿음은 오직 여호와의 말씀으로 말미암으니, 하나님의 말씀을 가까이 하고, 그 말씀의 진리에 귀를 기울이는 사모함을 주시고, 마음에 간직하게 하시옵소서. 하나님의 말씀으로 양식을 삼는 다짐의 은혜를 주시옵소서.
기도하기를 원하며 모인 저희들, 이제 하나님의 말씀에 기도의 불이 붙여지기를 원합니다. 하나님의 말씀이 선포될 때, 마음의 문을 활짝 열고 듣게 하시며, 오늘, 간구해야 될 것을 다 아뢰게 하시옵소서. 그리고 주님의 말씀을 생명의 양식으로 받아 심령이 배부르게 하시옵소서. 오직 말씀으로 저희를 살게 하시옵소서.
우리 교회의 여러 기관들이 있습니다. 기관들이 부흥되게 하시옵소서. 직분자들이 겸손한 자세로 자신을 하나님께 전적으로 맡기게 해주시고, 저들의 손길에 선한 열매들이 많이 쌓이게 하시옵소서.
성도들을 보살피고, 돕는 중에, 믿음이 연약한 이들을 붙잡아 주는 은혜를 주시옵소서. 아직도 곳곳에 사랑을 나타내고 심어야 할 곳이 많습니다. 하나님께 영광을 위하여, 교회를 섬기는 사역을 위하여 헌신하는 종들을 받아 주시옵소서.
그리스도 안에서 저희들의 몸은 주님의 것임을 고백합니다. ○○교회 안에서 이루어지는 모든 것들이 하나님의 사랑으로 나타나도록 도와주시옵소서. 주님의 약속에 따라 복을 누리게 하시고, 의에 이르도록 이끌어 주시옵소서.
예수님의 이름으로 기도드립니다. 아멘.

7월 2주

주일찬양예배

하나님 아버지,

여호와의 섭리를 깨달으며, 인생이라는 삶을 바라보게 하신 크신 사랑에 찬양을 드립니다. 은혜와 진리 안에서 십자가를 지고 인내의 힘과 변하지 않는 믿음으로 그리스도를 따르게 하시옵소서.

좋은 것으로 만족하게 하셨으나, 저희들의 심정은 불평과 불만이었음을 회개합니다. 죄를 지었던 행위로부터 돌이켜 자복하게 하시고, 죄악에서 떠나는 용기를 누리게 하시옵소서. 이 백성이 저지른 죄와 실수를 용서하시고, 저희들을 하나님의 것으로 삼아주시옵소서.

찬양예배로 하나님을 영화롭게 해드리려 할 때, 말씀의 강단에 기름 부으심이 충만하게 하시옵소서. 하나님의 뜻이 이루어지기를 사모하면서 말씀을 준비하신 목사님께 권세와 능력이 성령으로 감동해 주시옵소서. 그 말씀을 받아야 하는 ○○의 공동체는 하나님의 말씀으로 저희들을 향한 주님의 뜻이 무엇인지 분별하여 새로워지게 하시옵소서.

우리 하나님께서 선한 목자가 되시어 ○○의 지체를 푸른 초장으로 인도하셨음에 감사드립니다. 주님의 은혜로 저희들의 연약함을 긍휼히 여겨주시고 지체들 모두에게 사랑과 기쁨으로 가득 차게 도와주시옵소서. 하나님의 말씀으로 행복하게 하시고 온 교회가 신령한 은혜를 받아 믿음의 반석 위에 굳건히 세워지게 하시옵

소서.

자기 백성을 돌아보시는 하나님, 저희들의 이웃에 재정의 부족으로 곤고하게 지내는 지체들이 있습니다. 그들에게 풍성함의 은총으로 소유의 넉넉함을 허락해 주옵소서. 저희들이 주님의 손이 되어 사랑의 손길을 내어밀도록 은혜를 주옵소서.

주님의 교회, ○○교회를 기억하시고, 민족과 세계를 품고 기도할 때 다시금 이 나라에 복음의 불길이 타오르게 하시옵소서. 저희 교회가 살아남으로 이웃이 살게 하시고, 죽어가는 수많은 영혼들을 주 앞으로 인도하는 구원의 방주가 되게 하시옵소서.

예수님의 이름으로 기도드립니다. 아멘.

수요기도회

하나님 아버지,

저희들의 양심이 괴로울 만큼 여러 가지의 죄와 허물이 있어 회개합니다. 하나님의 뜻을 알면서도 고의로 거절하며, 자신의 뜻대로 행해왔습니다. 주님의 깨끗케 하시는 보혈로 죄를 씻음 받게 하시옵소서.

이 시간에도, 주님의 은총과 도움을 바라는 생명들이 우리의 현실 속에 수없이 많이 있습니다. 나라의 일을 맡은 위정자들, 국민을 위해서 봉사하는 공무원들, 휴전선을 지키는 국군장병들, 대학가의 젊은 지성들을 사랑과 능력으로 보살펴 주시옵소서.

저희들에게 죄를 멀리하고, 마귀의 유혹을 물리치며, 자신과 싸워서 이기는 삶이 되게 하시옵소서. ○○ 교회의 권속들이 어디에서, 무엇을 하든지 십자가의 군사가 되게 이끌어 주시옵소서. 예수 이름으로 믿음과 소망 그리고 사랑으로 살게 하시옵소서. 하나님의 사랑으로 완성되는 삶이기 원합니다.

목사님의 입술을 통하여, 준비된 말씀에도 성령님의 역사가 나타나기 원합니다. 하나님의 말씀으로 이 시대를 살아가는 저희들이 되게 하시옵소서. ○○교회의 권속에게 말씀의 약속이 이루어지는 것을 소망하게 하시옵소서.

친히 사랑의 본이 되어 주신 예수님을 따라 사랑으로 살게 하시옵소서. 주 안에서 드러난 하나님의 사랑이 저의 사랑이 되기 원합니다. 사람의 사랑이 아닌, 하나님의 사랑을 하기 원합니다. 독생자를 내어 주셨던 그 사랑으로 모든 이들을 사랑하게 하시옵소서. 주님께서 십자가에서 죽기까지 우리를 위하여 희생하신 것을 잊고 지냈습니다. 사실, 주님을 위한 작은 수고도 번거롭게 여겼던 죄를 용서해주시옵소서. 주님과 같이 희생하겠습니다. 주님의 은혜를 인하여 믿음으로 말미암아 구원을 얻었음을 늘 기억하며 지내게 하시옵소서.

지역사회를 바라보게 하시옵소서. 교회가 있는 이 지역에서 하나님의 뜻이 이루어지고, 하나님을 영화롭게 해드림을 발견하게 하시옵소서. 하나님께서 주시는 마음으로 사람들을 보게 하시옵소서. 여전히 하나님은 그들을 사랑하시는데, 저희들에게도 신자와 불신자로 그들을 구별하지 않고, 품게 하시옵소서. 지역사회를 이루며 함께 살아가는 사람들을 하나님의 마음으로 품게 하시옵소서.

예수님의 이름으로 기도드립니다. 아멘.

7월 3주

주일찬양예배

하나님 아버지,
구원의 문이신 주님께로 들어가서 은혜를 누리는 저희들이 되게 하시옵소서. 주님과 더불어 지내는 중에, 들어가며 나오며 꼴을 얻는 은혜를 보게 하시옵소서. 신령한 복을 받아 즐겁게 하시옵소서.
하나님께서 주시는 그대로 감사함으로 받아야했건만 부족함으로 여기고 불만으로 바라보았음을 회개합니다. 돌이켜 볼진대, 주님께서 주신 것들이 많았음에도 받은 복은 헤아리지 않고, 이기적인 욕망에 눈이 어두웠음을 용서해주시옵소서.
주 안에서 적극적으로 살아가기 위해서 지난 날, 자신을 괴롭히던 불쾌한 기억을 버리게 하시옵소서. 예수님을 모시기 전에 겪었던 쓰라린 시간을 버리도록 도와주시옵소서. 오래된 상처와 과거의 실패에 대한 기억으로 인하여 괴로움을 당하지 않게 하시옵소서.
길이며, 진리요, 생명이 되는 말씀을 사랑합니다. 하늘 백성에게 말씀을 선포하시는 목사님께 성령님의 충만하심을 내려 주시옵소서. 주시는 말씀을 사랑하며 살고, 눈동자처럼 그 진리를 지키게 하시옵소서. 하나님께서 원하시는 대로 손을 움직이는 진리가 되기를 소망합니다.
저희들은 자신의 인생을 새롭게 해준 복음을 이웃에게 전하게 하시옵소서. 아직도 인생의 문제 속에서 헤매고 있는 이들에게 문제의 해결이 되시는 그리스도를 전해주게 하시옵소서.
오늘도, 찬양을 드리는 중에 저희들의 믿음이 말씀의 반석 위에 세워지고, 하나님의 은혜를 바라는 소망을 말씀 안에서 갖게 하시옵소서. 그 소망이 기쁨이 되어 즐거움을 누리게 하시옵소서.
살면서 뜻을 모를 어려움을 만났을 때, 불평하기보다는 십자가를 생각하게 하시옵소서. 원하지 않던 일을 만나 곤란하게 될 때도 분노하기에 앞서 십자가를 생각하게 하시옵소서. 주님께서 말씀하셨던 자기의 십자가를 묵상하는 은혜로 인도해주시옵소서.
예수님의 이름으로 기도드립니다. 아멘.

수요기도회

하나님 아버지,
저희들의 부족한 모습에 부끄럽습니다. 육신의 안일과 평안만을 추구할 때가 많았음을 회개합니다. 말씀을 사모하고, 말씀에 순종하기보다는 인간의 생각과 인간의 지혜를 따르던 불신앙을 용서해주시옵소서.
하나님 앞에서나 자기 자신에 대하여 결심이 많고, 주님께 영광을 드리려 하지만 육신의 연약함으로 말미암아 행함이 뒤따르지 못하오니 힘을 주시옵소서. 다짐한 것을 이루고야 말겠다는 담대함을 갖게 하시고 인내심을 주시옵소서.
○○교회 공동체를 위해서 일꾼을 세우셨음에 감사드립니다. 저들의 마음으로부터 여호와를 사랑하는데서 나오는 봉사를 통해서

교회에는 부흥을 가져오고, 성도들은 평안을 누리게 하시옵소서. 빛도 없이 이름도 없이 섬기는 봉사로 교회가 든든히 세워져 가기 원합니다.

설교를 준비하신 목사님께 성령의 능력이 더해지기 원합니다. 이제 저희들은 겸손히 말씀을 듣게 하옵소서. 말씀으로 새 힘을 얻게 해주시옵소서. 강단에서 주님의 권세와 주권이 선포되는 귀한 시간이 되게 하여 주시옵소서. 기도하러 모인 심령에 응답해 주시는 하늘의 소리로 말미암아 말씀에의 영광을 드리게 하시옵소서.

저희 교회에 속한 권속을 위하여 간구하니, 이 시간을 통해서 가정마다 은혜의 강물이 흘러가게 하시옵소서. 성전에서 흘러나오는 생수의 역사가 가정마다 흘러서 더욱 더 믿음 안에서 굳건히 세워지는 권속들이 되어 우리 모두 믿음의 역사를 이어가게 하시옵소서.

주님께서 사랑하시는 교회를 축복해주시옵소서. 주님의 진리의 빛을 세상에 비취이게 하시며, 주님의 구원을 세상에 전하게 하여 주시옵소서. 이 교회가 많은 사람들에게 인생과 하나님께 대한 분명한 소망을 갖게 하여 주시옵소서. 하나님의 사랑을 깨달아 봉사하는 교회가 되게 하여 주시옵소서.

병석에 누워 있을 수밖에 없는 사랑하는 영혼들을 기억해주시옵소서. 그들이 병상에서의 시간에, 하나님을 더욱 사랑하게 하시옵소서. 고통을 덜어 주셔서 편히 잠을 청하게 하시옵소서. 회복시켜 주시는 은혜로 속히 자리를 털고 일어나 영광된 삶으로 변화시켜 주시옵소서.

예수님의 이름으로 기도드립니다. 아멘.

7월 4주

주일찬양예배

하나님 아버지,

저희들이 거두어들인 것들이 많아 여호와의 도우심을 찬송합니다. 비록 바라지 않은 일을 하게 되거나, 어려운 일에 부딪치더라도 감사함으로 받아들이며 살게 하시옵소서.

세상에 사는 날 동안에 하나님의 일꾼으로서의 사는 삶보다는 자신의 생각과 바람에만 마음을 쏟았던 죄를 고백합니다. 주님의 사람이라 하면서도, 주님이 없는 사람이었던 행실을 용서해주시옵소서. 옛 사람의 행위를 버리지 못함을 뉘우칩니다.

우리의 죄를 마음 깊이 슬퍼하고, 그것을 더욱 더 미워하고 피하는 은혜로 이끌어 주시옵소서. 죄 사함의 감격으로 말미암아 하나님을 기뻐하고, 하나님께서 원하시는 선을 즐거이 행하려는 결단하게 해주시옵소서. 말씀 안에서 믿음으로만 살게 하시옵소서.

우리 ○○교회에 목사님을 세워주셨음에 감사드립니다. 목사님께서 성령의 은혜로 지금보다 갑절의 근면하심과 열렬하심, 신중하심, 관대하심으로 사역에 임하시게 하시옵소서. 목사님의 비전과 교회에 주신 사명을 감당하시는 종이 되게 하시옵소서.

찬양예배로 모인 지체에게 말씀을 전해주시는 목사님께 더욱 성령님의 은혜를 나타내 주시옵소서. 오늘도 생명을 걸고, 선포하시는 말씀이 온 성도들에게 축복이 되게 하옵소서. 저희들에게는 복된 메시지가 되게 하시옵소서. 그 말씀을 귀하게 여겨 마음으로 받아 순종하려는 다짐이 있게 하시옵소서.
저희 교회를 위해서 기도합니다. 교회의 지체된 저희가 주님 안에서 성도의 교제를 나누게 하시고, 가난한 자들을 돌아보게 하심으로 주님이 주신 교회의 소명을 다할 수 있도록 축복하여 주시옵소서. 여호와께 존귀한 지체들, 각자가 세상에서 주님의 증인되는 복을 허락하여 주시옵소서. 이웃을 위하여 기도하고 봉사하게 하시고 그들의 필요에 도움의 손길이 될 수 있는 복을 허락하여 주시옵소서.
예수님의 이름으로 기도드립니다. 아멘.

수요기도회

하나님 아버지,
죄로 말미암아 저주 아래에 처해져 있던 저희들이였습니다. 그런데 주님께서 십자가에 달려 죽으심으로써 저주에서 속량을 받았음에 감사드립니다. 저희들의 하루는 언제나 주님의 보혈을 찬양하는 시간이 되게 하시옵소서.
주님의 이름으로 다시 모인 지금, 회개의 은혜를 내려 주시옵소서. 하나님의 나라를 이루어 드리는데 앞장을 서지 않았던 죄를 고백합니다. 주님의 영광을 구함에 무관심했던 삶을 용서해주시옵소서.
나라를 구성하는 모든 이들에게 자신의 역할을 통해 섬기게 하옵소서. 군인은 군인으로서, 경제인은 경제인으로서, 근로자는 근로자로서, 학생은 학생으로서 자신의 의무를 성실하게 감당하게 하옵소서. 이로써 대한민국이라는 국가가 평안에 이르게 될 줄 믿습니다.

오늘도 저희들을 위하여 진리의 말씀을 주심에 감사드립니다. 기도하러 모인 심령의 문을 열어주시는 말씀이기를 원합니다. 저희들에게 말씀하시려는 하나님의 음성, 대언하시는 목사님을 성령의 권능으로 붙들어 주시고 주님의 역사가 펼쳐지게 하시옵소서.

돌 같은 심령을 녹여 주심으로 순종의 기쁨으로 회개하고 결단할 수 있는 시간이 되게 하여 주시옵소서. 말씀을 듣는 성도들이 강단의 메시지에 은혜를 받게 하시옵소서.

주님만을 의지하며, 주님만을 순종하게 하심으로써 영광을 돌리게 하시옵소서. 항상 기뻐하게 하시고, 쉬지 말고 기도하게 하시며, 범사에 예수님의 뜻대로 살아가는 믿음의 사람들이 되게 하시옵소서.

주님을 잊고, 자신의 생각에 매달려 지내온 삶에서 돌이키기를 원합니다. 주님의 보혈로 값없이 받은 구원의 감격을 잃지 않도록 성령님께 충만하게 하시옵소서. 저희들은 하나님의 은혜를 늘 기억하겠습니다. 주의 구원의 즐거움을 회복시키시고 자원하는 심령을 주사 붙들어 주시옵소서

하나님의 말씀을 아멘으로 받고, 순종하려는 감격으로 가슴이 뜨거워지게 하시옵소서. 저희들은 믿음의 눈으로 부활의 주님을 보았으니, 겸손히 주님의 말씀을 받아들이게 하시옵소서. 여호와께 존귀한 지체들, 힘을 다하여 말씀을 이루어드리는 아멘의 생활로 인도해 주시옵소서.

예수님의 이름으로 기도드립니다. 아멘.

8월 1주

주일찬양예배

8월, 나라와 민족을 생각하는 시간을 주셨습니다. 하나님, 영광 가운데 임재하시는 성령님의 감화로 찬송을 부르게 하시옵소서. 여호와를 자랑하는 권속들이 입을 벌려 찬송을 드립니다. 이 밤에, 마음을 다하여 찬양으로 시작할 때, 영광을 받으시옵소서. 존귀와 영광을 선포합니다.

세상에 사는 동안에 하나님의 일꾼으로서의 사는 삶 보다는 자신의 생각과 바람에만 마음을 쏟았던 죄를 고백합니다. 주님의 사람이라 하면서도, 주님 없는 사람이었던 행실을 용서해주시옵소서. 매일 매일의 생활에서 후히 주시고 꾸짖지 않으시는 하나님을 제험하게 하심을 찬양을 드립니다. 지금, 돌이켜볼 때, 허물이 많이 있음을 고백합니다. 주님의 피 묻으신 손으로 감싸주시고, 새롭게 하시는 은혜를 보게 하시옵소서.

목사님을 단에 세워주셨습니다. 하나님의 말씀을 대언하시려고 준비하신 종에게 성령님의 기름을 부으심이 충만하게 하시옵소서. 말씀을 받아야 하는 저희들, 하나님의 음성을 기다리게 하시옵소서. 그 말씀이 교회를 진리로 풍성하게 해주시기를 원합니다. 생명의 꼴이 되는 말씀, 참 쉼이 되는 말씀이 되게 하시옵소서.

주님께서 늘 기도하셨던 것처럼, ○○ 교회는 주님 앞에서 찬양으로 간구하는 교회가 되기를 원합니다. 온 성도들이 주님의 뜻을 이루기 위해서 곡조가 있는 기도의 무릎을 꿇게 하시옵소서. 지금, 저희들에게는 기도가 소망인 줄로 믿습니다. 하나님께서 도와주시고, 역사하셔서 저희들에게 살 길을 열어 주시옵소서.

언제부터였는지 모르나 형식적으로 흐르는 신앙생활에 활력을 주시옵소서. 예배는 습관이 되었고, 하나님을 경배한다는 말은 버릇이 되었습니다. 저희를 불쌍히 여기사 미지근해지는 삶에 새로움을 주시옵소서. 뜨겁든지, 차던지 성령님의 역사를 보게 하시옵소서. 부활하신 주님께서 주시는 은혜로 강하게 세워주시옵소서.

예수님의 이름으로 기도드립니다. 아멘.

수요기도회

하나님 아버지,

이 시간에, 이 나라의 해방을 위한 많은 몸부림들이 교회를 중심으로 일어나도록 하신 하나님의 일하심을 기억하게 하시옵소서. 영과 진리로 드리는 예배에 성령님의 역사하심을 소망합니다. 나라를 사랑하게 하시며, 그 사랑을 나라를 위한 간구로 바꾸게 하시옵소서.

여호와의 구원하심이 민족적으로, 국가적으로 나타났음을 마음에 새기게 하시옵소서. 신앙 선배들의 국가관을 물려받아, 조국을 사랑하던 그들의 마음을 저희의 것으로 삼게 하시옵소서.

오늘, 수요기도회로 모여 예배하는 시간에, 섬기기보다 섬김 받기를 좋아하는 마음을 다스려 주시옵소서. 저희들이 버리지 못하고 있는 제 눈의 대들보를 깨닫지 못하고 형제의 눈에 있는 티를 보는 마음을 다스려 주시옵소서. 이 교만함이 서로를 향하여 높은

담을 헐지 못하게 하고 있습니다. 자신보다는 이웃을 위하여 희생할 줄 알게 하시옵소서. 그리고 참으로 섬기는 겸손을 배우게 하시옵소서.

의를 이루고, 하나님의 뜻을 성취하기 위해서 저희들이 짊어져야 할 십자가를 지게 해주시옵소서. 성도라는 이름을 주셨으니 그 이름으로 인해 찾아오는 많은 시련과 고난을 달게 받아들이게 하시옵소서.

하나님의 말씀에 마음을 열게 하시옵소서. 말씀이 전해지고, 듣는 이 자리에 성령님의 기름부름이 충만하게 하시옵소서. 설교하시는 목사님께 영력을 더하셔서 생명의 말씀으로 저희들이 배부르게 하여 주시옵소서 그 말씀에, 영적으로 소생이 되기를 원합니다. 진리를 몰라서 방황하는 자에게 말씀의 위로를 받게 해주시옵소서.

○○의 지체는 지금, 주님의 십자가에서 우리가 주님의 죽으심에 연합한 자가 되게 하셨음을 기억합니다. 주님께서 십자가에서 죄에 대해서 죽으셨으므로 우리 또한 죄에 대하여 죽은 자로 여기게 하셨음에 감사하게 하시옵소서. 십자가로 말미암아 주님 안에서 산 자로 여기게 되었음에 감격하게 하시옵소서.

저희들에게 하나님의 뜻은 거룩함이라 하셨으나, 아직도 옛 사람의 더러운 일들과 음란을 버리지 못하고 있음을 고백합니다. 세상의 더러움에서 손을 떼지 못하니 용서해주시옵소서. 담대히 세상을 버리게 하시옵소서. 주님의 뜻에 마음과 몸을 내어드리게 하시옵소서.

예수님의 이름으로 기도드립니다. 아멘.

8월 2주 - 광복절예배

주일찬양예배

광복절을 맞이하여 예배하려고 머리를 숙입니다. 하나님,
갇힌 자를 해방시켜주시는 하나님께 영광을 드리게 하시옵소서. 하늘의 천군천사도 화답하게 하옵소서. 나라의 주권을 회복시켜 주시고, 빼앗겼던 이름을 찾게 해주셨던 광복절을 기억합니다. 77년 전에, 이 민족을 사랑해주신 그 크신 자비하심을 오늘, 새롭게 하여 주시옵소서.

저희들에게 주님과 교회와 저 죽어가는 자들의 구원을 위하여 열정적으로 사명을 감당하도록 이끌어 주시옵소서. 복음을 전하시던 주님의 열심, 주님의 열성, 주님의 열정이 있게 하시옵소서. 저희들이 여호와 앞에서 동일한 부지런을 나타내기를 원합니다. 하나님을 위한 열심의 마음을 주시옵소서.

이 시간에, 하나님의 말씀에, 기적을 일으켜 주시는 역사로 인도해주시옵소서. 마른 땅에 샘이 흐르는 은총을 보게 하시고, 광야에 강줄기가 나서 옥토로 변하는 삶을 살게 하시옵소서. 지금, 귀신들을 명하여 돼지 떼에게 들어가도록 하신 예수님의 권세를 말씀에서 경험하기를 원합니다. 우리 주님의 능력이 많으심을 찬양합니다.

저희를 성도라 부르는 만큼의 거룩함을 지니도록 인도해 주시옵소서. 의를 이루고, 하나님의 뜻을 성취하기 위해서 저희들이 짊어져야 할 십자가를 지게해 주시옵소서. 성도라는 이름을 주셨으

니 그 이름으로 인해 찾아오는 많은 시련과 고난을 달게 받아들이게 하시옵소서.
저희들은 구원의 잔을 들고 은혜의 하나님을 귀하신 여호와를 소리 높여 부르기를 원합니다. 오늘, 이 시대에 교회를 향한 주님의 요청이 무엇인지 분별할 수 있는 교회가 되게 하시옵소서. 주님의 형상을 더욱 분명하게 드러내는 교회가 되도록 인도해주시옵소서.
교회의 각 기관 기관들이 오직 하나님의 영광을 위하여 헌신하게 하시며 그들의 헌신으로 복을 주시되 하나님께 봉사하는 기쁨을 맛보는 귀한 복을 허락하여 주시옵소서. 또한 저희 지체들이 서로 사랑으로 섬기게 하시옵소서.
예수님의 이름으로 기도드립니다. 아멘.

수요기도회

하나님 아버지,
하나님의 사랑을 입은 ○○ 교회의 성도들이 하나님의 이름을 높이는 찬송을 드리면서, 저희들의 모습을 돌아보고 회개합니다. 주님께서는 부활하셨으나, 저희들의 신앙은 부활신앙에 모자람이 있음을 용서해주시옵소서.
성도들의 눈물어린 기도를 들어 주신 하나님이심을 오래오래 기억하기를 원합니다. 우리나라가 해방의 기쁨을 맞이한 지 77 년이 되는 해입니다. 그럼에도 불구하고, 이 해방을 주신 하나님께로 돌아오지 않고 있는 이들이 많이 있어 안타깝습니다.

부활의 주님으로 말미암아 영생의 소망을 갖고 있는 권속들에게 매일 매일 승리하게 하옵소서. 저희들의 삶이 축제가 되게 하시고, 그 영광은 하나님께 드리게 하옵소서. 죄를 이기셨던 능력이 저희들의 것이 되고, 죽음을 이기신 권세를 누리게 하시옵소서.

오늘도 하나님의 말씀으로 기도하기를 원합니다. 강단에서 들려주시는 말씀이 간구가 되게 하시옵소서. 설교를 준비하신 목사님께 성령의 감동하심이 더 있으시기를 원합니다. 저희들에게 말씀하시는 하나님의 음성을 듣는 은혜의 시간으로 인도해주시옵소서. '지금, 여기에서' 저희들이 듣고 순종해야 하는 진리의 말씀이 온 교회를 덮게 하시옵소서.

간절히 구하니, 저희들은 언제나 순종하게 하시옵소서. 순종의 잔이 채워져 기적이 일어나고, 하나님의 복을 누리게 하시옵소서.

죽음의 권세를 이기신 주님을 찬송하는 중에, 천국을 사모하게 하옵소서. 세상을 이기는 믿음으로 살게 하시옵소서.

질병으로 고통을 겪고 있는 교우들을 불쌍히 여겨 주시옵소서. 주님의 자녀들 중에는 육신의 연약해짐으로 고통을 겪고 있는 이들이 있습니다. 쉽게 치료되지 않는 질병 때문에 고통을 겪고 있으니 도와주시옵소서.

○○교회가 주님의 사랑으로 사회봉사에 헌신하게 하시옵소서. 주님께서 당시의 사회를 섬기셨던 모습을 기억합니다. 이로써 교회에서 섬기는 사회봉사 사역에도 더욱 몸을 드려 참여하기를 원합니다. 자기의 몸을 내어주시려고 하나님이 사람이 되어 오신 주님을 묵상하면서 사회봉사를 위한 헌신에 자원하게 하시옵소서.

예수님의 이름으로 기도드립니다. 아멘.

8월 3주

주일찬양예배

끝까지 사랑하시는 하나님,
할렐루야로 여호와의 위대하심을 찬송합니다. 이 시간에 교회를 생각할 때, 저희들의 죄를 고백합니다. 위로부터 내려주신 은사를 통해서 교회에 봉사하지 못한 죄를 용서해 주옵소서. 성령님의 충만하심에 따라 은사를 받았으나 섬기지 못한 죄를 씻어 주옵소서. 귀신들렸던 두 사람에게서 저희들의 모습을 발견합니다. 그들에게 귀신이 들렸을 때가 바로 구원을 받기 전의 우리의 모습이었음을 고백합니다. 그들에게서 귀신을 내어 쫓으셨듯이 저를 사로잡고 있던 죄악을 내어 쫓으셨음에 감사드립니다.
이제, 저희들에게 스데반이 경험했던 은혜를 주시옵소서. 하나님의 은혜로 인하여, 주님의 능력이 충만하게 된 스데반의 모습을 닮기 원합니다. 그 충만한 은혜로 복음을 전하는 저희들이 되기 원합니다.
하늘의 문이 열려 스데반이 누렸던 은혜가 임할 때, 저희들과 ○○교회에서도 놀라운 일들이 일어남을 믿습니다.
강단에서 주시는 하나님의 말씀을 기다립니다. 말씀을 준비하신 목사님께 성령님과 능력으로 충만하게 하시옵소서. 저희들은 그 말씀에 응답해서 하나님의 이름을 높일 것을 결단하게 하시옵소서.
이제부터 성령님의 강권하시는 은혜로 새롭게 꿈을 키우게 하시옵소서. 하나님께서 저희를 도우시면 무엇이든지 해낼 수 있다는 담대함으로 새롭게 시작하기 원합니다. 하나님의 영광을 이루기 위해서 크게 생각하게 하시옵소서. 큰 생각을 갖고 있는 사람만이 이루어낼 수 있음을 잊지 않도록 도와주시옵소서.

하나님께서 인생을 사랑하시되, 믿는 자에게는 이루지 못할 일이 없다고 선언해 주셨습니다. 이 시간에, 그 복을 누리게 하시옵소서. 약속의 말씀을 통해서 우리를 속박하고 있는 열등감의 쇠사슬이 풀려질 것을 믿습니다. 믿는 자에게 승리를 보장해주시는 약속의 말씀으로 무장하게 하시옵소서.

예수님의 이름으로 기도드립니다. 아멘.

수요기도회

하나님 아버지,

여호와의 위대하심을 찬송합니다. 예수님 안에서 하나님과 새로운 가족이 되게 하신 뒤부터 지금까지 지켜 주셨습니다. 거룩한 시간에, 세상을 위하여 일을 하신 하나님의 손길을 찬양하는 복된 예배로 시간으로 만들어 주시옵소서.

저희들에게 순종을 통하여 주님의 영광을 보는 은혜를 주옵소서.

여호와의 영광을 나타내심을 이 예배당 안에서 보게 하시옵소서.

이 교회로부터 주님의 영광이 흘러 세상을 덮게 하시옵소서.

간절히 구하니, 저희들은 언제나 순종하게 하시옵소서. 순종의 잔이 채워져 기적이 일어나고, 하나님의 복을 누리게 하시옵소서.

생명의 말씀을 주시려고 목사님을 단에 세워주셨습니다. 설교하시는 목사님께 영력을 더하셔서 생명의 말씀으로 저희들이 배부르게 하여 주시옵소서. 목사님께서 말씀을 강도하실 때, 미쁘게 듣는 귀를 갖게 하시옵소서. 그 말씀을 받아 그대로 지키겠다는 각오를 주시옵소서.

○○의 권속에게 예수님을 모셔 들이게 하시옵소서. 주님을 대접해 드리고, 주님의 말씀도 듣는 시간이 되기를 빕니다. 그 은혜로 회개에 따르는 행동을 하게 하시옵소서. 미워한 사람에게 용서를 구하고, 상처를 준 사람을 찾아가서 화해하게 하시옵소서.

여호와의 시간을 허랑방탕한 것으로 낭비하지 않게 하시고, 주신 재물을 더럽고 추한 것에 사용하지 않게 하시옵소서. 하나님의 것을 하나님 앞에서 사용하지 않아 죄를 짓는 교만함을 물리쳐 주옵소서. 여호와께 구별된 그대로 지내 영광은 하나님께 드리고 저희들은 그 기쁨으로 지내게 하시옵소서.

주님께서 과부를 보시고 불쌍히 여기사 울지 말라 하셨던 것을 기억합니다. 우리 ○○의 권속들 중에, 아파서 신음하는 모든 환자들을 불쌍히 여겨주시옵소서. 안타깝게도 갑작스럽게 당하게 된 재정의 위기에 처한 가정들을 돌아보아 주시옵소서.

이웃을 사랑하고, 작은 자 한 사람에게 대접을 해야 하는 삶을 기피했음을 고백합니다. 나의 유익을 위하여 이웃에게 화를 내고 험담을 늘어놓기도 한 죄를 용서해주시옵소서. 거룩한 입술이 되겠습니다. 형제에게 노하는 자마다 심판을 받게 된다는 경고를 늘 기억하게 하시옵소서.

예수님의 이름으로 기도드립니다. 아멘.

8월 4주

주일찬양예배

복의 근원이 되시는 여호와여,

저희들이 찬양 예배로 모였으니, 베풀어 주시는 신령한 식탁으로 인해 천국 잔치의 기쁨을 누리게 하시옵소서. 이 예배로 하나님께 영광을 드리며, 주님의 다스리심에 저희들의 모든 것을 맡기게 하시옵소서.

유혹을 이기지 못하고, 쾌락에 마음을 빼앗겨 주님께서 미워하시는 일도 저질렀음을 고백합니다. 특히, 이웃을 사랑하고, 하나님의 영화로움을 위해서 살아가지 못한 죄에 대하여 용서해주시옵소서. 이제는 주님의 나라를 상속받기 위해 경건한 자녀로 살게 하시고, 우리가 주의 백성으로 지내는 날들이기를 사모하게 하시옵소서.

오늘도 단에 서신 목사님에 의해 주시는 진리의 말씀이 언제나 저희들의 입에서 떠나지 않게 하시옵소서. 삶의 모든 희망을 그 말씀에 두게 하시옵소서.

저희들에게 주님의 가슴으로 이웃을 품게 하시옵소서. 오늘도, 빠르게 바뀌는 사회 질서 속에서, 예수님의 가르치심에 복종하는 새로운 사랑의 생활을 건설하게 하시며, 현실의 모든 병폐가 사라지고, 형제와 같이 서로 봉사하는 즐거운 날이 동터오게 하시옵소서.

우리 주님께서 기름 부으심을 받으셨으니, 주님이 왕이심을 고백합니다. 왕의 백성이 되었은즉, 이제까지 살아가오면서 겪어야만 했던 인생의 모든 짐에서 해방되었음을 믿습니다. 오직 주님께서 저희들의 삶에서 해답이 되시고 종결자가 되어주심을 믿게 하시옵소서.

저희 교회가 하나님을 주목하고, 기도에 힘씀으로써 하나님을 경외하는데 부족함이 없는 교회가 되게 하시옵소서. 저희의 모든 것들로 전도에 열심을 내고 주님 안에서 은혜로운 성도의 교제를 나눌 수 있도록 도와주옵소서. 저희 교회로 성령님의 역사하심을 온전히 순종함으로 세상에 빛을 비취는 등대가 될 수 있도록 축복하시고, 주님 홀로 영광을 받으시옵소서.

예수님의 이름으로 기도드립니다. 아멘.

수요기도회

하나님 아버지,

하나님의 이름에 영광을 드리기 전에 죄를 회개합니다. 베드로처럼, 하나님의 일을 생각하지 않은 죄를 용서해 주옵소서. 사람의 일만 생각하고, 이 땅에서의 유익에 마음을 내어준 죄를 용서해주시옵소서.

하나님께서 저희들 가운데 거하심을 확실히 믿게 하시옵소서. ○○의 가족들을 한 자리에 모이도록 하신 이 시간에 성령님께서 함께 하심을 확신합니다. 하나님께서 함께 하시니 구할 바를 다 아뢰는 복된 은혜를 주시옵소서. 허물이 많이 있음에도 불구하고, 하나님께서 함께 하시니 감사로 기도하게 하시옵소서. 그 사랑에 감격하게 하시옵소서.

이 시간에도 목사님을 세워 말씀을 주시니 감사드립니다. 영생의 말씀으로 저희를 변화시켜 주시옵소서. 주시는 말씀으로 ○○교회의 권속들이 죄에서 떠나기를 소망합니다. 하나님을 깊게 알고, 또한 넓게 배우기 위해서 열심을 내게 하시옵소서.

이 민족에 복음의 횃불이 들려진 것을 감사드립니다. 한국전쟁으로 많은 이들이 피 흘리며 숨져 갔고, 그들의 유가족들이 슬픔 속에서 지내고 있습니다. 전쟁의 아픔이 있는 이 민족을 위로해주시옵소서.

가난하고 어려운 이들을 섬기지 못했음을 고백합니다. 늘 부족하다고 불평하며, 남을 도우려는 것에 인색했던 죄를 용서해주시옵소서. 주님의 손길이 되어 베푸는 삶을 살겠습니다. 어려움을 당한 이들을 돕지 못하는 것은 한 가지 부족한 것임을 잊지 말게 하시옵소서.

저희들에게 은혜를 베푸셔서 다시 한 번 기도의 영으로 충만하게 하시옵소서. 성령님의 충만하심으로 무릎을 꿇게 하시옵소서. 저희들 자신과 교회의 부흥을 위하여 기도의 자리로 나아가게 하시옵소서. 금식의 은혜를 주시면 금식으로 기도하게 하시옵소서. 금식을 통한 회개로 하나님의 영광을 구하게 하시옵소서.

지금은, 저희들에게 사랑의 영을 충만하게 부어주시옵소서. 주님의 형제와 자매들이 남의 잘못이나 허물이 있을 때마다 자신을 먼저 돌아보는 사랑으로 충만하기 원합니다. 진정으로 감싸주고, 피차 덕 세우기를 힘쓰는 사랑하는 저희들로 만들어 주시옵소서.

예수님의 이름으로 기도드립니다. 아멘.

9월 1주

주일찬양예배

9월, 가을을 시작합니다. 하나님,
하나님의 자녀들이 주님의 이름을 영화롭게 해드리고, 함께 예배하는 영광을 사모하게 하시옵소서. 이 날, 종일을 예배하는 중에 보내면서, 날마다 입고, 먹으며 생활을 하게 해주시는 은혜가 여호와로 말미암음을 고백하게 하시옵소서.
하나님보다도 자신을 즐겁게 하는 삶에만 관심을 기울인 나머지 죄를 지었던 것을 고백합니다. 마땅히 하나님께 영광을 드려야 할 것을 저희의 기쁨으로 가로챘었습니다. 여러 가지의 일들 속에서 하나님의 도우심을 기억하지 못하고 지나쳤음을 용서하시옵소서.
오늘의 예배에서 하나님의 말씀을 듣게 하시니 감사합니다. 말씀을 들고 단 위에 서신 목사님과 함께 하셔서 생명을 구원하는 능력의 말씀을 전하실 수 있도록 인도해주시옵소서. 그 말씀 한 마디도 땅에 떨어지지 아니하고 성도들의 마음 밭에 새겨져 열매를 맺게 하시옵소서.
저희들이 예배할 때, 하나님께서 저희들의 간구에 귀를 기울이실 것을 확신합니다. 하늘의 문을 여시고, 은혜를 부어주실 것을 기대하게 하시옵소서. 자신의 약함을 탄식하는 지체들에게 긍휼을 내려 주시옵소서.
주님께서 세상에 오심은 세상을 섬겨 주심이셨습니다. 저희들에게도 세상은 섬김의 대상이기를 원합니다. ○○교회가 주님의 몸으로서 우리 자신을 사회에 내어 주어, 어두운 자리를 밝히게 하시옵소서. 그리고 모자란 부분을 채워 주는 아름다운 교회로 삼아 주시옵소서. 주님의 몸으로 세상으로 들어가게 하시옵소서.
○○의 지체에게 오늘이라는 이 삶이 산 제물로 드려지는 생활이 되게 하시옵소서. 주님께서는 저희들의 영혼을 맡으셨다고 믿습니다. 주님의 소유로 살아가게 하시옵소서. 주님의 품에서 소망 가운데 즐거워하고 사랑으로 불타게 하시옵소서. 그리스도 안에서 제 몸은 주님의 것임을 고백합니다.
예수님의 이름으로 기도드립니다. 아멘.

수요기도회

하나님 아버지,
여호와 그 이름의 영광을 찬양하고, 영화롭게 찬송하게 하시옵소서. 삼일 예배를 시작하면서 새 노래로 주님께 노래를 드리기를 즐거워하게 하시옵소서. 이 자리에 모인 지체들에게 온 마음으로 노래하게 하시며, 주님의 이름을 송축하고, 그 구원을 날마다 전파하기를 결단하게 하시옵소서.
하나님의 나라보다는 자신의 유익을 구하기에 바빴던 저희의 행실을 용서해주옵소서. 받은 은혜 많사오나 구별된 삶을 살지 못했습니다. 십자가의 사랑을 실천하지 못했습니다. 간절히 회개할 때, 용서하시는 은혜를 내려 주시옵소서.
사회생활을 하면서 하나님의 방법을 버리고, 세상적인 방법을 따랐음을 고백합니다. 나에게 피해를 주었던 이웃에게 원수를 갚는 방법으로 되갚으려 했던 죄를 용서해주시옵소서. 이제는 인간관계에서 친히 원수를 갚지 말고 하나님의 진노하심에 맡기게 하시옵소서.

하나님 아버지, 여호와 닛시, 승리의 하나님을 불러봅니다. 우리를 위하여 승리가 되어주시는 하나님을 사모하게 하시옵소서. 하나님의 승리가 저희들의 승리가 되어 주시옵소서. 하나님께서 미리 가셔서 싸워 주시옵소서.

기도회로 모인 저희들에게 하나님의 말씀으로 소망을 굳게 잡도록 하시옵소서. 사랑하는 지체들, 강단에서 전해주시는 말씀으로 천국을 바라보고, 하나님의 인도하심을 바라게 하시옵소서. 믿음을 지키고 사는 것이 때로는 힘들지만 말씀을 붙들고, 이기게 하시옵소서.

사랑하는 지체에게 성도의 본분을 잘 감당하게 하시고 한 주간 동안도 세상을 이기게 하시옵소서. 은혜를 사모하게 하심을 감사합니다. 교회의 지체된 저희가 주님 안에서 성도의 교제를 나누게 하시고, 가난한 자들을 돌아보게 하심으로 주님이 주신 교회의 소명을 다할 수 있도록 축복해 주시옵소서.

하늘에 속한 저희들이 되고, ○○교회가 되기를 원합니다. 십자가로 말미암아 완성된 구속의 은혜를 누리면서 살아가는 지체들이 되게 하시옵소서. 우리의 시민권이 하늘에 있음을 고백하는 공동체로 삼아 주시옵소서. 주님께서 오실 때까지 천국을 사모하게 하시옵소서.

예수님의 이름으로 기도드립니다. 아멘.

9월 2주

주일찬양예배

구원의 주 여호와여,

예배로 모인 지금, 저희들의 마음에 험한 그리스도의 십자가를 새겨봅니다. 갈보리 산 위에 세워진 주님의 십자가에 얼룩진 핏자국을 보게 하시옵소서. 죄인들을 구원하시려고 십자가를 지신 주님께 우리 자신을 드리는 시간이 되게 하시옵소서.

저희를 하나님께로부터 낳게 하셨기에, 죄를 거절하는 담대함을 경험하게 해주시고, 악에서 지켜주신 은혜에 영광을 바칩니다. 이 복스러운 예배에서 한 마음, 한 입으로 주님께 영광 드리기를 소망합니다. 구원의 은혜를 누리게 하신 그리스도의 피를 생각합니다.

찬양으로 예배하는 이 시간에, 강단에 성령님의 기름 부으심이 충만하게 하시옵소서. 단 위에 세워주신 목사님께 성령님의 역사가 크게 나타나기를 소망합니다. 설교를 하시는 목사님께 말씀의 영이 풍성하게 임하여 저희들이 생명의 꼴로 배부르게 하시옵소서. 하나님께서 원하시는 대로 손을 움직이는 진리가 되기를 소망합니다.

이 시간에, "아버지께서 내 안에 내가 아버지 안에 있는 것 같이 저희도 다 하나가 되어 우리 안에 있게 하사 세상으로 아버지께서 나를 보내신 것을 믿게 하옵소서."라고 기도하신 예수님을 따라서, 저희들 모두 아버지와 하나 되기를 소망하도록 인도해주시옵

소서.

이 시간, 마가의 다락방에 충만하게 임하셨던 성령의 역사하심이 일어나게 하여 주시옵소서. 주님의 은혜를 사모하는 자들마다 주의 영으로 덮으셔서 성령님께 충만한 사람으로 다시 태어 날 수 있게 하여 주시옵소서. 그러므로 주님을 담대히 증거하고 그 어떤 위협도 굴하지 않는 순교의 신앙이 넘쳐나게 도와주시옵소서.

오늘도, 자녀 된 저희들에게 필요한 모든 것을 채워주시는 하늘 아버지를 바라봅니다. 저희들이 살아가는 시간 동안에, 원하지 않게 닥친 모든 역경도 선으로 바꿔주실 것을 굳게 믿습니다. 좋은 것으로 만족케 하시며, 하나님께 소망을 갖는 천국백성으로 삼아 주시옵소서.

예수님의 이름으로 기도드립니다. 아멘.

수요기도회

하나님 아버지,

자기들의 삶의 자리에서 흩어져 지냈던 ○○의 지체들이 주님의 이름으로 머리를 숙였습니다. 주일이 지나고 사흘 밖에 안 되었으나 저희들이 다시 모이니 얼마나 반가운지요. 하나님의 사랑이 저희들을 한 몸이 되게 하셨으니 만민 중에서 우리 하나님께 감사드리며, 열방 중에서 주를 찬송하게 하시옵소서.

알면서도 잠간 동안의 이익 때문에 저지른 죄를 회개합니다. 또한 깨닫지도 못하는 순간에 저지르게 된 죄를 고백할 때, 더러워진 심령을 그리스도의 보혈로 깨끗하게 씻어 주시옵소서. 저희들이 지은 죄를 고백하니 용서해주시옵소서.

하나님 아버지,

저희들에게 예수님을 주님으로 받게 하셨음을 묵상합니다. 그 은혜를 기억하여 언제나 십자가 아래에서 지내게 하시옵소서. 저희들의 생각이나 말, 행동이 주님의 뜻 안에서 행해지도록 성령님의 인도하심을 빕니다. 이 시간에, 머리를 숙인 지체들이 주님 안에 뿌리를 박음으로 세움을 입게 하시옵소서.

이 나라에 하나님의 뜻이 이루어지길 소망하면서도 기도에 부족했음을 고백합니다. 나라의 지도자들을 위하여 기도하지 못했음을 용서해주시옵소서. 그들을 위한 영적 책임으로 기도하겠습니다. 권세는 하나님께로 나지 않음이 없음을 기억하게 하시옵소서.

말씀을 선포하시는 목사님께 주님의 역사를 나타내 주시옵소서. 목사님께서 말씀을 증거하실 때, 하나님의 능력과 은혜가 드러나게 하시옵소서. 성령님께서 저희를 이끌어 '아멘'으로 말씀을 듣게 하시옵소서. 지금, 하나님께서 저희에게로 오셔서, 들려주시는 음성으로 들을 수 있도록 이끌어 주시옵소서.

지역사회와 함께 하는 것이 하나님의 뜻인 줄로 믿습니다. 이웃과 마음을 같이 할 수 있는 태도를 갖기를 원합니다. 그들과 같은 사랑을 가지고 뜻을 합하며 한 마음을 품게 하시옵소서. 예수님의 겸손하심으로 이웃을 대할 수 있게 하시옵소서.

더불어서 지내는 이웃들이 있습니다. 그들을 향하여 생활 속에서 예수님을 보여 주게 하시옵소서. 주님의 말씀대로, 오직 겸손한 마음으로 각각 자기보다 남을 낫게 여기게 하시옵소서.

예수님의 이름으로 기도드립니다. 아멘.

9월 3주

주일찬양예배

빛난 보좌에 계신 여호와여,
이 거룩한 시간에 주님의 은총을 찬양합니다. 저희들의 마음과 입술로 영광을 드리게 하시옵소서. 예수님의 십자가 보혈로 새롭게 된 것을 감사드립니다. 하나님의 사랑이 저를 죽을 죄의 몸에서, 영원한 생명과 함께 새 삶에 이르게 하시니 감사드립니다.
추석 명절에 모이는 가족에게 하늘 영광으로 들어가게 하시옵소서. 오랜만에 만나는 가족에게 하나님의 자비하심과 긍휼을 누리게 하시고, 오랜만에 만난 형제와 자매들 그리고 일가의 친지들, 존경하는 사람들, 모두를 위로하게 하시옵소서.
저희들을 긍휼히 여기시는 하나님의 은혜를 소망합니다. 저희들 중에는 곤궁에 빠져서 어찌할 엄두도 내지 못하는 지체들이 있습니다. 우리를 향한 하나님이 사랑으로 그들을 불쌍히 여겨 주시옵소서. 하나님의 인자하심이 그들에게 있어, 견디어 내게 하시옵소서.
오늘도 진리의 말씀으로 저희들의 심령에 새로움을 주시옵소서. 저희들의 찬양이 하나님의 말씀에서 노래를 드림이 되게 하시옵소서. 세상을 이기고, 죄악을 이김에 담대하도록 하는 말씀으로 찬양을 드리도록 저희들의 심령을 열어 주시옵소서.
강단 위에 서신 목사님과 함께 하셔서 생명을 구원하는 능력의 말씀을 전하실 수 있도록 인도하시옵소서. 목사님을 단에 세워주셨으니, 은혜와 진리의 말씀이 선포되기를 빕니다. 하나님의 말씀이 소망을 하늘에 두려는 저희들에게 더욱 굳게 해주심을 믿습니다. 교회 공동체 안에서 하나님의 나라가 날마다 이루어지는 것을 누리기를 원합니다. 한 사람, 한 사람이 성도의 본분을 잘 감당할 것을 다짐합니다. 이로써 오늘부터 시작된 한 주간에 세상을 이기게 하옵소서. 은혜를 사모하며, 찬양을 드리는 것을 기쁨으로 삼게 하시옵소서. 하나님의 주권적인 섭리에 감격함으로 지내게 하시옵소서.

예수님의 이름으로 기도드립니다. 아멘.

수요기도회

하나님 아버지,

원근각처에 흩어져 있던 지체들을 다시 불러 주시니 감사드립니다. 이 시간에, 하나님은 광대하시며, 능력이 많으시며, 그 지혜가 무궁하심을 묵상하게 하시옵소서. ○○의 지체들이 하나님의 위대하심을 송축하면서 예배하게 하시옵소서. 하나님은 모든 나라 위에 높으심을 자랑하게 하시옵소서.

주님을 기쁘시게 못하고, 육신을 위하여 이기적인 욕망과 많은 죄악에서 살아왔습니다. 저희들의 회개를 들어주시고 용서해 주옵소서. 각 사람이 행한 대로 심판하실 하나님을 두려워하기 원합니다. 그리하여 죄를 지었던 삶에서 돌이켜 회개하고 모든 죄에서 떠나는 용기를 주시옵소서.

아브라함을 부르시고 그에게 복을 주어 창성케 하신 하나님을 묵상합니다. 아브라함이 받았던 복을 내려 주시옵소서. 믿음으로 아브라함의 후손이 되었으니, 그 복을 받아 누리게 하시옵소서. 하나님을 경외하는 자에게 복을 주신다고 하신 약속으로 들어가기를 빕니다.

저희들의 간구하려는 심령에 하나님의 말씀을 채워 주시옵소서. 말씀을 선포하시는 목사님을 성령님께서 충만하심으로 이끌어 주시옵소서. 그 말씀에 하늘의 권세와 능력이 함께 하시기를 원합니다. 저희들은 말씀을 받는 대로 간구하게 하시옵소서.

○○의 지체들이 여호와 앞에서 복 된 자들이 되도록 인도해주시옵소서. 하나님께 복을 받음에 조금도 부족함이 없도록 자기를 지키게 하시옵소서. 하늘의 복을 받아 누리고, 그 복을 전하는 통로가 되게 하시옵소서.

주님께서 사랑하시는 저희 교회를 축복해주시옵소서. 주님의 진리의 빛을 세상에 비취이게 하시며, 주님의 구원을 세상에 전하게 하여 주시옵소서. 이 교회가 많은 사람들에게 인생과 하나님께 대한 분명한 소망을 갖게 하여 주시옵소서. 하나님의 사랑을 깨달아 봉사하는 교회가 되게 하여 주시옵소서.

질병의 고통으로 몸부림을 치는 이들에게 하나님의 자비하심을 보여 주시옵소서. 그들의 비명에 가까운 기도를 들으시고, 쏟아지는 눈물을 보아주시옵소서. 질병의 고통에서 낫게 해주시는 하나님의 손길을 체험하게 하시옵소서. 이로 말미암아 싸매어 주시는 은혜를 찬송하게 하시옵소서.

예수님의 이름으로 기도드립니다. 아멘.

9월 4주

주일찬양예배

평강과 구원의 하나님,

주일의 예배로 하나님을 영화롭게 해드리게 하시고, 지금은 찬양 예배로 다시 모이게 하셨으니, 찬미의 제사를 드리게 하시옵소서. 누가 주님을 찬양하겠습니까? 주님께서 흘려주신 보혈로 죄 씻음을 받은 저희들이라 찬양을 드리게 된 줄로 믿습니다.

십자가를 생각할 때마다 주님과 함께 자신을 십자가에 못 박은 은혜에 들어가게 하셨음에 감사드립니다. 그 십자가로 말미암아 이제는 '내가 사는 것이 아니요 오직 내 안에 그리스도께서 사시는' 삶을 감당하게 하시옵소서. '나를 위하여 자기 자신을 버리신 하나님의 아들을 믿는 믿음 안에서' 살아가게 하시옵소서.

거룩해야 될 저희들의 심령이 죄로 얼룩져 있음을 고백합니다. 욕심 때문에 가까운 이들을 시기하며 투기해야 하였고, 자신의 이익 때문에 거짓된 행실도 서슴지 않았음을 용서해주시옵소서.

지금은 저희들의 심령을 성령님께서 뜨겁게 하셔서 말씀을 기다리게 하시옵소서. 한 말씀도 땅에 떨어지지 아니하고 성도들의 마음 밭에 새겨져 열매를 맺게 하시고, 그 말씀으로 저희들을 향한 주님의 뜻이 무엇인지 분별하여 새로워지게 하시옵소서.

이 시간에도, 병에 짓눌려 고통을 겪고 있는 지체의 기도를 들어주시옵소서. 병상을 적시는 안타까운 눈물을 보아 주시옵소서. "내가 너를 낫게 하리니"라는 음성을 들려주시옵소서. 모든 병과 그 근원을 나사렛 예수 이름으로 깨끗하게 치료하여 주시옵소서. 주님의 나라가 확장됨을 기뻐하게 하시고, 하나님의 의가 이루어지는 것에 감사하기 원합니다. 죽어 가는 영혼들을 담기에 부족함이 없는 교회가 되게 하시옵소서. 실망한 영혼들에게 소망을 주는 교회로, 꿈이 없는 사람들에게 비전을 주는 교회로 삼아주시옵소서.

지금, 괴로워하는 이들이 있으니 성령께서 위로하시고 도와주시옵소서. 아버지의 회복시키시는 은총이 함께 하사 모든 어려움을 오직 믿음으로 이기고 담대하게 승리의 생활하게 하시옵소서.

예수님의 이름으로 기도드립니다. 아멘.

수요기도회

하나님 아버지,

○○의 성도들에게 수요기도회의 시간을 갖게 하시니 감사드립니다. 머리를 숙인 지금, 하나님은 광대하시며, 능력이 많으시며, 그 지혜가 무궁하심을 묵상하게 하시옵소서.

교회에 모이지 못하고, 회중의 회집과 미디어의 여러 상황에서 함께 하는 ○○의 지체들이 하나님의 위대하심을 송축하면서 예배하게 하시옵소서. 하나님은 모든 나라 위에 높으심을 자랑하게 하시옵소서.

주님을 기쁘시게 못하고, 육신을 위하여 이기적인 욕망과 많은 죄악에서 살아 왔습니다. 저희들의 회개를 들어주시고 용서해 주옵소서. 각 사람이 행한 대로 심판하실 하나님을 두려워하기 원합니다. 그리하여 죄를 지었던 삶에서 돌이켜 회개하고 모든 죄에서 떠나는 용기를 주시옵소서.
저희들, 각 사람이 자신이 있는 자리에서 하나님을 영화롭게 해드리게 하시옵소서. 아브라함을 부르시고 그에게 복을 주어 창성케 하신 하나님을 묵상합니다. 그가 받았던 복을 저희들에게도 주시옵소서.
주님의 말씀을 대언하시려고 단 위에 서신 목사님께 성령님께서 함께 하시기를 원합니다. 성령의 두루마기를 입혀 주시고 심령 골수를 쪼개는 권세 있는 말씀을 전하시도록 인도해주시옵소서. 그 말씀으로 이 시간에 간구하게 하시옵소서. 하나님의 말씀이 기도가 되고, 찬송이 되게 하시옵소서.
저희들은 여호와 앞에서 복 된 자들이 되도록 인도해주시옵소서.
십자가를 통하여 죄와, 세상과, 육신과, 사탄의 세력을 이기게 해주신 것을 잊고 지냈던 지난 삶을 회개합니다. 십자가의 진리를 귀하게 여기지 않은 죄를 용서해주시옵소서. 십자가로 말미암아 죄의 대속과 하나님과의 화목 그리고 구원을 이루신 것을 의심 없이 믿게 하시옵소서.
저희들을 옭아매고 있는 것들을 주님의 이름으로 푸는 은혜를 누리게 하시옵소서. 염려할 수밖에 없는 두려움을 예수님의 이름으로 풉니다. 근심할 수밖에 없는 삶의 고단함을 예수님의 이름으로 풉니다. 주님을 모셔드린 심령마다 자유롭게 하시고, 평안을 경험하게 하시옵소서.
예수님의 이름으로 기도드립니다. 아멘.

9월 5주

주일찬양예배

주 여호와 하나님,

영원한 생명을 주신 그 은총에 마음을 다해 찬양을 드립니다. 오늘도, 천지를 지으신 그 능력으로 시온에서 복을 주실 여호와의 이름에 감사함의 노래로 올려드리는 찬양을 받으시옵소서. 죄를 용서하시고, 구원의 은혜를 베푸신 예수님을 묵상합니다.

이 땅에 계시는 동안에 구원의 은혜를 나타내신 주님께 감사드립니다. 이 시간에, 고백하니 용서하여 주시고, 십자가의 보혈로 정케 하여 주옵소서. 육신의 미혹에 자신을 내어주었던 행실을 기억하니 용서해주옵소서.

진리의 말씀이 풍성한 ○○의 강단을 축복합니다. 기름 부으신 강단이기를 원합니다. 목사님에 의해서 생명의 진리가 넘쳐흐르게 하시옵소서. 말씀 전하시는 목사님께는 영력을 더해주시옵소서.

주님의 교회에서 귀한 청지기들이 충성을 다하기를 소원하게 하시옵소서. 주님의 은혜에 감사하면서 순종하여 섬기는 일이 온 교회를 시원하게 하는 봉사가 되게 하시옵소서.

○○의 권속에게 예수님께 믿음을 보여드리는 은혜로 풍성하게 하시옵소서. 믿음이 구원을 받은데 머무르지 않고, 주님께서 하나님의 영광을 나타내시는데 사용되어지는 데까지 이르게 해주시옵소서.

하나님께서 저희들을 속이지 않으시는 것처럼, 저희들에게 남을 속이지 않겠다는 결단의 은혜를 내려 주시옵소서. 어떤 일에 있어서든지 겉으로는 합법적으로 보일지라도 이웃을 속이는 행위가 된다면 거절하게 하시옵소서. 이웃의 유익을 위하여 사랑을 다하게 하시옵소서.

주님의 참된 터 위에 저희 교회를 세우셨으니, 세상에서 방황하던 심령들이 다 교회에 나와서 죄 사함을 받고 구원을 얻는 구원의 방주가 되게 하시옵소서. 성령의 인도하심과 말씀의 교훈을 기다립니다. 원하기는 저희의 삶이 이웃의 비방거리가 되지 않게 하시고 저희의 기도에 사단의 유혹이 없게 하시옵소서.

예수님의 이름으로 기도드립니다. 아멘.

수요기도회

하나님 아버지,

인생에게 복 주시는 여호와께 머리를 숙여 경배합니다. 지금, 저희들의 손에 금 면류관이 있다면 드리게 하시옵소서. 하나님의 종이 되어 주인에게 드려야 할 찬송과 영광을 바치게 하시옵소서.

기도하도록 불러주셨으니, 마음을 다하여 하나님을 바라게 하시옵소서

"나를 충성 되이 여겨 내게 직분을 맡기심이니"라고 하시며, 충성할 것을 권면해주셨으나 그러하지 못하였습니다. 용서해주시옵소서. "나를 능하게 하신 그리스도 예수 우리 주께 감사함"에 유의하지 못하고, 기도와 생활이 따로따로였음을 교정해주시옵소서.

남남이 되어버린 겨레의 아픔을 어루만져 주시옵소서. 한 핏줄 한

겨레이면서도 서로 헐뜯고 싸웠던 저희들입니다. 남과 북의 동포들에게 서로 용서하는 화해의 은총을 내려주시옵소서. 저희의 무관심을 깨닫고 겨레의 일치를 위하여 기도하게 하시옵소서. 사는 날 동안에, 나라와 민족을 위한 간구를 쉬지 않게 하시옵소서.

주님의 교회에 하나님의 말씀을 주시옵소서. 땅이 공허하고, 혼돈한 데서 만물이 창조되게 하셨던 그 말씀을 주시옵소서. 저희들에게 창조의 역사가 있어지기를 소원합니다. 오직, 하나님의 말씀이 저희들에게 생명인 것을 믿습니다. 그리하여 평안으로 인도해주시옵소서.

이 시간에, 저희들에게 하나님의 말씀을 들을 귀를 열어 주시옵소서. 목사님께 성령 충만하게 하셔서, 말씀을 대언하실 때 사탄의 권세 일절 틈 못 타게 하시옵소서. 전해주시는 말씀에서 소생시켜 주심이 경험이 되고, 다시 일으켜 주심을 누리게 하시옵소서.

교회를 주님의 몸이라 여기면서도 사랑하기에 부족했음을 고백합니다. 교회에 모인 이들을 나의 지체들로 여기고, 내 몸처럼 사랑하지 않은 죄를 용서해주시옵소서. 이제, 오늘 이후로 교회를 더욱 사랑하겠습니다. 교회를 통해서 예수님을 더욱 사랑하며, 또한 지체들을 섬기기를 빕니다.

저희들에게 믿음의 역사가 풍성해지게 하시옵소서. 우상이 가득하고 혼탁한 세상에서 오직 믿음으로 만족하기를 원합니다. 우상을 버리고 하나님만 섬기는 믿음의 은혜를 누리게 하시옵소서. 저희들 모두에게 말씀의 반석 위에 신앙의 집을 짓는 권속이 되게 하시옵소서.

예수님의 이름으로 기도드립니다. 아멘.

10월 1주

주일찬양예배

10월, 열매를 맺어가는 계절입니다. 하나님,

복된 날을 다 보내는 시간에, 주님의 집으로 모였습니다. 하나님께서 지키도록 구별해 주신 여호와의 성일을 기뻐하였습니다. 저희들은 복된 이들입니다. 누릴 수 없음에도 누리고 있는 복을 헤아리면서 찬양으로 하나님을 영화롭게 해드리게 하시옵소서.

하나님의 영광에 이르지 못했던 저희를 그리스도 예수 안에 있는 구속으로 의롭다 하셨음에 찬송을 드립니다. 거룩한 날에 저희들 각 사람에게 그리스도의 선물의 분량대로 은혜를 주셨음에 찬양합니다. 주님의 십자가를 바라보면서 대속의 은총을 묵상하는 저희들에게 주님을 좇아 은혜와 평강이 있게 해주셨음을 즐거워합니다.

단군에 의해서 이 민족이 시작되었다는 개국신화를 신앙화하는 일들이 이루어지고 있습니다. 이 민족의 조상인 단군을 신으로 받들어 섬기게 하려는 우상숭배의 더러운 일들이 횡행하고 있음을 보시옵소서. 이 땅 곳곳에 단군에 대한 우상화가 진행되고, 숭배를 조장하고 있으니, 여호와의 손으로 막아주옵소서.

목사님의 입술을 사용하여 들려주시는 말씀을 청종하게 하시옵소서. 생명의 말씀을 받아 마음의 판에 새기도록 하시옵소서. ○○의 지체들이 하나님의 말씀에 풍성함을 누리게 하시며 진리의 말씀이 생수가 되어 허전했던 심령을 시원하게 하시는 은혜를 입게 하시옵소서.
저희들에게 부활의 확신과 구원의 감격으로 날마다 주님을 증거하는 생활이 되도록 인도해주시옵소서. 고통을 겪고 있는 저희들에게 서로를 용납하고 사랑하는 마음으로 부활시켜 주시옵소서. 생존의 위협 앞에 놓인 이들을 사랑해야 될 시간을 주셨습니다. 저희들이 죽어 썩고, 희생함으로써 많은 부활의 열매를 풍성히 거두는 신앙의 법칙을 다시 새기게 하시옵소서.
빠르게 바뀌는 사회 질서 속에서, 주님의 가르치심에 복종하는 새로운 사랑의 생활을 건설하게 하시며, 현실의 모든 병폐가 사라지고 형제와 같이 서로 봉사하는 즐거운 날이 동터오게 하시옵소서.
예수님의 이름으로 기도드립니다. 아멘.

수요기도회

하나님 아버지,
저희들에게도 젖과 꿀이 흐르는 땅을 주셨음에 감사드립니다. 지난 이레 동안에 영적인 광야에서 지내오던 백성이 하나님의 전에 모였습니다. 오늘, 기도회의 한 시간에, 주님의 이름을 찬미하게 하면서 하나님의 말씀으로 위로해주시옵소서.
저희들을 불쌍히 여겨 주시옵소서. 사랑하는 ○○의 지체들 한 사람도 낙오자가 되지 않기를 원합니다.
삶이 고달프게 되다보니. 재물에의 탐욕에 끌리는 지체들이 있습니다. 그들에게 하나님의 나라를 생각하게 하시옵소서. 사탄이 재물의 유혹을 통해서 공격해 올 때, 너끈히 물리치도록 지켜 주시옵소서. 재물보다는 영원히 복이 되시는 하나님을 사랑하는 마음으로 가슴을 채우게 하시옵소서.

하나님께 속한 백성은 쓰임을 받는다는 것에 주목하게 해주시옵소서. 하나님을 경외하는 사람은 시대와 사상도 초월한다는 것을 배우게 하시옵소서. 하나님과 동행하는 자는 그가 어떤 위치에 있든지 반드시 들어서 사용하시는 하나님을 깨닫게 하시옵소서.

주님의 사자가 전하시는 말씀에 귀를 기울이는 은혜를 허락해주시옵소서. 저희 ○○ 교회의 지체들이 하나님의 말씀에 정성된 마음을 갖게 하시옵소서. 선포되는 말씀에 정성을 다하여 듣게 하시고, 결단하고 순종함에도 정성을 다하게 하시옵소서.

○○의 권속에게 예수님께서 하나님을 사랑하시고, 이웃을 사랑하셨음을 깨닫도록 성령님의 감화를 빕니다. 주님이야말로 가장 큰 계명을 지키신 분이심을 배우게 하시옵소서. 주님께서 본을 보여주신 그대로 하나님을 사랑하며, 이웃에게도 그 사랑으로 섬기게 하시옵소서. 저희들의 삶이 하나님의 나라를 확장함이 되게 하시옵소서.

10월, 아침과 저녁으로 찬바람이 불어오면서 새 계절이 열리게 하신 것처럼, 저희들에게도 새로운 신앙의 다짐이 있게 하시옵소서. 여호와의 은혜를 찬양하면서, 새롭게 하심을 바라보게 하시옵소서. 새 생각과 새 마음으로 주신 사명을 감당하게 하시고, 교회 밖을 향해서는 빛이 되고, 소금이 되어 그들로 주님께 영광을 드리게 하시옵소서.

예수님의 이름으로 기도드립니다. 아멘.

10월 2주

주일찬양예배

자기 백성을 살피시는 하나님,
사랑을 입은 아버지의 자녀들이 나아왔습니다. 저희들 모두 함께 거룩한 예배의 자리로 나아갑니다. 목소리 합하여 전능하신 하나님을 찬양하게 하시옵소서. 날마다 저희들을 가엾게 여기시는 은혜에 감사의 찬양을 바치게 하시옵소서. 오직 영광이 되게 하시옵소서.
지난 한 주간에도 주님께서 함께 하셨음을 감사드립니다. 오늘도 예수님의 보혈로 씻어 주시고, 주님의 찬양하도록 교회로 불러 주신 은혜에 감사드립니다. 베풀어주신 은혜에 감사하러 모인 이 모임에서 주님의 이름은 높여지고, 하나님은 영광을 받으시옵소서.
하나님의 말씀을 기다립니다. 이 시간에, 강단에서 하나님의 말씀이 선포될 때, 사모하는 마음을 갖게 하시옵소서. 하나님께서는 선포하셔야 하는 말씀, 여호와께서 저희들에게 주시는 평생에 지켜 따를 말씀으로 받기 원합니다. 이 자리에 모인 주님의 백성들, ○○의 지체들에게 반가운 진리가 되게 하시옵소서.
우리 ○○ 교회를 이루는 모든 이들이 한 마음, 예수님의 마음을 품어, 하나님의 영광을 드러내는 지체들이 되게 하시옵소서. 세상에 계실 때, 하나님과 하나 되시고자 기도하신 주님을 본받기를 원합니다. 이로써. 기도와 말씀으로 세워질 것을 결단하게 하시옵소서.

사랑하는 교우들에게서 성경이 읽혀지기 원합니다. 성경의 삶으로 지내게 하시옵소서. 그리하여 아무 일에든지 다툼이나 허영으로 하지 않도록 성령께서 인도하시옵소서. 사랑하는 권속은 성령의 열매를 맺어서 포도나무와 가지의 관계를 누리게 하시옵소서. ○○교회에 성령님의 기름을 부으심의 역사를 내려 주시고, 저희들이 공동체를 부흥시켜 주시옵소서. 구원을 얻을 자들을 모아주시는 현장으로 삼아주시옵소서. 이로써 저주의 길목에서 헤매는 영혼들이 주님께로 돌아오게 하시옵소서. 교회의 부흥을 기뻐하시는 하나님의 소원을 이루어 드리는 저희들이 되게 하시옵소서.
예수님의 이름으로 기도드립니다. 아멘.

수요기도회

하나님 아버지,
하나님 그 이름이 높임을 받으시는 기도의 시간을 드리게 하시옵소서. 일상의 생활을 잠시 멈추고, 기도회의 한 시간으로 모였으니, 자기 자신들을 위해서 사흘 동안 지냈던 생각을 바꾸기를 원합니다.
주님의 피로 말미암은 예복을 입게 하시옵소서. 짧은 시간이지만 구원의 첫 은혜를 누렸을 때, 꿈꾸던 것 같았던 감격을 기억하면서 기도하는 한 시간으로 삼게 하시옵소서. 하나님께서 ○○교회와 이 백성에게 갖고 계시는 거룩함을 묵상하면서 저희들을 새롭게 하게 하시옵소서. 상한 마음을 내어놓고 간구하게 하시옵소서. 저희들은 하나님 앞에서 혹시라도 우쭐대거나 경박하지 않도록 성령님께 충만하게 하시옵소서. 여호와 앞에서 친 백성으로, 성도로서 충성을 다하게 하시옵소서. 그렇게 충성을 다하다가 주님 오실 때, 받을 상급을 바라보게 하시옵소서. 간절히 바라기는 저희들 모두가 무익한 종이 되어서 충성을 다하게 하시옵소서.

이 시간에도 말씀을 통해서 하나님은 더욱 영화로우심을 깨닫기를 원합니다. 말씀이 선포되는 동안에 저희들의 심령은 주님을 향해서 더욱 두려워지게 하시옵소서. 목사님께서 힘을 다하여 외치시는 말씀을 삼가 듣고 지키며 살 것을 다짐하는 은혜를 입게 하시옵소서.

시간을 낭비하고, 세월을 허송했던 삶을 고백합니다. 하나님께서 주신 귀한 시간을 헛되이 보낼 때가 많았던 죄를 용서해주시옵소서. 일분, 일초에 부지런한 사람이 되겠습니다. 세월을 아끼라 때가 악하다는 말씀을 마음에 새기고 지내게 하시옵소서.

지금, 육체적으로 고통 중에 있는 지체들, 여호와의 도우심만을 의지할 수밖에 없습니다. 그들에게 깨끗하게 해주시는 주님의 은총을 통해서 일상으로 돌아가서 하나님과 지내기를 원합니다. 이 고통이 하나님께 영광으로 드려지는 은혜로 삼게 하시옵소서.

○○의 지체들, 삶의 장소로 주신 지역사회에서 빛이 되며, 소금이 되게 하시옵소서. 저희들이 함께 살아가고 있는 세상의 사람들을 주목하게 하시옵소서. 이 지역에서 날마다 만나는 사람들, 그들의 삶에 유익과 도움이 될 수 있는 나눔의 삶이 되게 하시옵소서. 저희들의 수고스러운 행실이 착한 열매가 되어 하나님 나라 확장에 쓰임을 받게 하시옵소서.

예수님의 이름으로 기도드립니다. 아멘.

10월 3주

주일찬양예배

주 여호와 하나님,

주일에 주님의 집에 모여서 은혜를 누리게 하셨음에 감사드립니다. 오늘, 하늘의 하나님께 영광을 드리며, 주시는 말씀으로 생수로 시원하게 해주셨습니다.

하나님 중심, 성경 중심, 교회 중심으로 지내면서 예배를 사모하던 저희들입니다. 찬양예배로 다시 모여 주일을 성수하는 복된 날을 영화롭게 할 수 있도록 은혜를 주셨음에 감사드리게 하시옵소서.

불의를 긍휼히 여기시고, 저희의 죄를 다시는 기억하지 않으시는 하나님께 영광을 바칩니다. 여호와를 예배하는 영화로운 자리에 나아오게 하셨음에 합당한 영광을 드리게 하시옵소서. 주님의 품에 안겨 항상 그 이름에 영광을 바치는 ○○의 지체들이 되게 하시옵소서.

저희들에게 하나님의 말씀을 사모하게 하시옵소서. 말씀을 대언하시는 목사님께 기름을 부으심으로 충만하게 하시옵소서. 대언하는 자와 받는 자들이 미쁜 마음으로 말씀을 받아 허망한 것을 물리치게 하시옵소서. 정금보다도 더 간직해야 될 말씀이니, 진리에 순종함으로 더욱 의로워지도록 이끌어 주시옵소서.

성령님의 은혜 안에서 순종의 열매를 맺는 아름다움을 주시옵소서. 주님의 친절한 팔에 안겨서 지내왔습니다. 세상은 어지럽고,

복잡하지만 아버지의 평강과 안식으로 살아왔음에 감사드립니다. 성령님의 강권해 주심으로 천국 백성의 모습을 회복하도록 하시고, 이 땅에서 성도의 사명과 역할로 살아갈 것을 다짐하게 하시니 감사합니다. 주님의 나라를 위하여 헌신할 수 있도록 저희들을 승화시켜 주시옵소서.

복음을 전하시던 주님의 열심, 주님의 열성, 주님의 열정이 저희들에게 있게 하시옵소서. 그리하여 주님과 교회와 선교를 위하여 열정적으로 사명을 감당하도록 이끌어 주시옵소서. 우리 교회가 여호와 앞에서 동일한 부지런을 나타내기를 원합니다. 하나님을 위한 열심의 마음을 주시옵소서.

예수님의 이름으로 기도드립니다. 아멘.

수요기도회

하나님 아버지,

하나님의 이름에 예배하려는 저희들에게 성령님으로 충만하게 하시옵소서. 이 세상이 주님을 대적한다 할지라도 세상을 두려워하지 않게 하시옵소서. 오히려 하나님을 두려워하게 하시옵소서. 이 시간에, 전심으로 기도하여, 하나님의 영광을 높여드리게 하시옵소서.

저희들에게 믿음의 안목을 갖게 해주시옵소서. 가나안 땅을 정탐했던 이들이 같은 장소와 같은 사람을 보고서도 여호수아와 갈렙 이외의 열 사람은 하나님의 능력을 믿지 못했던 것을 기억합니다. 그들이 가나안 정복을 불가능한 것으로 여겼기 때문에 그 땅에 들어가지 못했던 사실을 저희들은 경고로 받아들이게 하시옵소서. 기도와 찬송의 시간 속에서 저희들에게 하나님의 약속을 통해서 세상을 바라보는 심령을 갖게 하시옵소서. 하나님의 능력을 확신하고, 이미 약속해 주신 복이 성취되기를 기다리게 하시옵소서. 이 시간에도 마음을 쏟고, 하나님께서 주시는 평안을 누리게 하시옵소서.

진리 가운데로 이끌어 주시려고 말씀을 듣게 하셨습니다. 목마른 사슴이 물을 찾는 심정으로 말씀을 사모하게 하시옵소서. 이 교회를 위해서 목사님을 세워주셨으니, 사랑하는 종이 전하시는 말씀에 귀를 모으게 하시옵소서.

지키고 따를 말씀을 주셨음에 감사드립니다. 하나님을 가까이 하고, 사랑하는 실천으로서 말씀에 순종하는 자손들이 되게 하시옵소서. 하나님의 말씀을 지키고 따름으로써 오늘도 천국 백성으로서 이 땅에서의 삶에 승리를 누리게 하시옵소서.

저희들 각자가 가정이나 직장, 이웃에서 의로운 삶, 빛과 소금의 삶을 살게 하시옵소서. 교회 안에서부터 초가 되어 녹아져서 환하게 밝히고, 소금이 되어 풀어져서 짠맛을 내는 희생의 아름다움을 보게 하시옵소서. 그때, 저희들의 의의 열매가 이 나라의 복으로 나타나게 되리라 믿습니다.

예수님께서 나오사 큰 무리를 보시고 불쌍히 여기시고, 그 중에 있는 병자를 고쳐 주셨던 은혜를 이 시간에, 소망합니다. 병들어 눈물을 흘리고 있는 지체들을 불쌍히 여겨 주시옵소서. 그들을 속히 치료해 주셔서 강건하게 하시고, 함께 예배하게 하시옵소서.

예수님의 이름으로 기도드립니다. 아멘.

10월 4주 - 종교개혁기념주일

주일찬양예배

거룩한 날에 종교개혁을 기념하여 예배합니다. 하나님,
주님의 자녀들이 하나, 둘씩 모여서 이 전을 채웠습니다. 주님을 영화롭게 해드리려고 모인 이들에게 찬송을 부르게 하시기 원합니다. 하늘에서 내려지는 신령한 말씀으로 저희들을 새롭게 하시옵소서.
종교개혁을 기념하는 주일에, 저희들의 눈을 뜨게 하사 올바른 신앙을 원합니다. 믿음의 눈을 떠서 하나님을 아버지로 보게 해주시옵소서. 그리고 주님께서는 잠시도 떠나지 않으시고, 제 곁에 계심을 알게 하시옵소서.
주님께서 저희를 부르셨고, 또한 저희들이 이 험악한 세상을 개혁하기를 원하시지만 우리는 늘 불의를 보고도 눈을 감고 하나님의 뜻 앞에 늘 이렇게 나약한 존재로 살아갑니다. 불쌍히 여겨 주시옵소서.
말씀이 대언이 되는 강단에 기름 부으심이 충만하기를 원합니다. 목사님께서 예비하신 복음을 선포하도록 하시옵소서. 저희들은 여호와의 명령에 순종하고, 하나님의 은혜를 전심으로 구하는 한 시간이 되기를 소망하게 하시옵소서. 저희 교회에는 말씀에 순종하는 보배로운 전통이 있음을 즐거워합니다.
세상이 달라지기를 바라기 전에 내 자신이 달라질 수 있으며, 자기 개혁을 먼저 이루게 하시옵소서. 하나님이 나와 함께 하시는 확실한 믿음을 가짐에 도전하게 하시옵소서. 종교개혁자의 위대한 믿음의 유산을 따라서 승리하기를 사모하게 하시옵소서.
저희들은 가진 것이 부족할지라도 낙심하지 않음에 감사드립니다. 지금은 잠시 곤란하고, 또한 어려울지라도 하나님의 손을 기대합니다. 그 손으로 역사하실 때, 심히 창대하게 해 주심을 확신합니다.
저희들에게 주님의 충성을 따르는 은혜를 주시옵소서. 맡은 자들에게 구할 것은 충성이라고 하셨으니, 충성을 원함이 제일의 간구가 되게 하시옵소서. 죽도록 충성하는 은혜를 주시옵소서. 사랑하는 권속이 충성으로 주님 앞에서 부끄럽지 않도록 헌신하게 하시옵소서.
예수님의 이름으로 기도드립니다. 아멘.

수요기도회

하나님 아버지,
죄 가운데 태어나 죄를 지으면서도 그 죄를 몰랐던 우리를 주의 것으로 삼으신 주님을 바라봅니다. 험한 십자가에 못 박히셔서 고통과 치욕으로 창백해지신 주님의 얼굴을 보기 원합니다. 피와 같이 붉은 죄를 씻어내시고, 흰 눈보다 더 희게 해주시려고 십자가를 지셨던 주님을 바라보게 하시옵소서.
이 시간에, 말씀으로 오셔서 새롭게 지어 주시옵소서. 하나님 앞에 낱낱이 드러 내놓아, 참마음으로 뉘우치며 기도하게 하시옵소서. 이제는 자신의 개혁이 일어나 하나님의 말씀으로 새롭게 지어지기 원합니다. 의의 사람으로 세워지게 하시옵소서.
저희 교회의 머리가 되시는 주님이십니다. 주와 연합하여 각 지체를 이루어 헌신하고 충성하기를 소원합니다. 저희들의 열심을 통하여 저희 교회가 날마다 부흥되게 하시고, 저희들의 전도가 열매가 되어 구원받은 사람들이 날마다 늘어나게 하여 주시옵소서.
설교를 준비하신 목사님께 성령의 감동하심이 이전보다 배나 더하기를 빕니다. 오늘도 예배 중에 하나님께 집중하게 하시고, 말씀에 마음을 모으게 하시옵소서. 목사님께서 기도하시면서 설교를 준비하셨던 것처럼, 저희들도 기도하는 마음으로 듣게 하시옵소서. 하나님의 말씀만이 신앙자의 삶에 생명의 힘이 공급될 줄로 믿습니다.
지금, 하늘의 문이 열리고, 질병이라는 환난의 시간을 지내고 있는 교우들에게 어서 속히 병상에서 일어나시는 것은 하나님의 구속 계획에 들어있음을 믿습니다. 주님의 죽으셨던 무덤을 빈 무덤으로 만드셨던 기적의 역사를 이 가족들에게 보여 주옵소서. 여호와의 은혜가 나타날 것을 기다리니 위로해주시옵소서.
우리 사회에 공교육 기관들이 있어서 모든 이들이 교육을 받게 하셨음에 감사드립니다. 공교육 기관에 의해서 도덕적인 인격을 형성하고, 시민의식을 기르게 하옵소서. 특히, 자라는 어린이들이 공교육 기관에서 차별이 없이 교육을 받게 하시옵소서.
주님께서 이기신 것처럼 저희들도 죄에 대하여 이겨야 했건만 그렇지 못하였음을 회개합니다. 예수님의 이름으로 세상의 죄악 된 일들과 싸워 이기게 하시옵소서.
예수님의 이름으로 기도드립니다. 아멘.

11월 1주

주일찬양예배

11월, 감사의 절기를 지내기를 원합니다. 하나님, 모든 좋은 것으로 넉넉하게 하신 하나님이십니다. 여호와께로부터 받은 것들을 헤아릴 때 감사하지 않을 수 없어 이렇게 모였습니다. 마련해 온 감사의 예물이 주님을 기쁘시게 하는 것이 되어, 받으시는 예배가 되게 하시옵소서.

거룩하고, 참되지 못한 저희들의 마음을 주님 앞에 내어 놓습니다. 주님의 아름다우심으로 그것을 깨끗하게 하시옵소서. 이기심이 가득 찬 저희들의 마음을 아버지께 드립니다. 주님의 사랑으로 이기심을 털어내어 주시옵소서. 주님의 피로 새롭게 해주시옵소서.

성령님께서 여기에 모인 이들의 심령에 강권하시옵소서. 하나님의 이름에 받으실 만한 찬양을 드려 그 이름을 높여드리게 하시옵소서. 하나님의 뜻이 하늘에서 이루어진 것처럼 저희들에게서 하나님의 뜻이 이루지게 하시옵소서.

오늘, 천상의 말씀을 들음은 정녕 저희들에게 복이라고 여깁니다. 생명의 말씀을 사모하게 하시옵소서. 달고 오묘하신 말씀은 저희들에게 기도가 되고, 노래가 되게 하시옵소서. 그 말씀의 능력으로 하나님을 기쁘시게 하는 소망에 따라 행하도록 하시옵소서.

저희들을 살려 주시려고 십자가에 자기의 몸을 내어주신 은혜에 다시 감사드립니다. 저를 위하여 십자가에서 흘리셨던 그 피로 가슴을 적시게 하시옵소서. 주님의 고난을 당하심은 하나님의 계획이었고, 우리를 구원하시려 하심이셨습니다.

옛 사람이 주님과 함께 십자가에 못 박히고 죽고 묻혔음을 묵상하게 하시옵소서. 주님의 죽으심으로 육신의 악한 욕망이 더 이상 우리를 지배하지 못하게 되었음에 감사드리게 하시옵소서.

약한 저희들의 상처 입은 심령을 주님께서 십자가를 지시고 피 흘리신 손으로 치유해주시옵소서. 아직도 저희들의 심령에 교만과 사욕이 스며있거든 성령의 불로 죄악을 태우고, 깨우쳐서 회개하게 하시옵소서. 세상의 죄를 이기는 싸움에 승리하게 하시옵소서.

예수님의 이름으로 기도드립니다. 아멘.

수요기도회

하나님 아버지,

11월을 맞이합니다. 감사하는 계절을 맞게 하시니, 하나님께서 베풀어주신 은혜를 헤아려 보게 하시옵소서. 내려주신 크신 복을 세어보면서 감사절의 날을 기다리게 하시옵소서.

풍성한 거둠의 즐거움을 주신 은혜에 감사드립니다. 농부들의 풍성한 수확 못지않게, 사랑을 입은 지체들에게 은혜를 베풀어 주셨으니 감사의 제단을 쌓게 하시옵소서.

이 시간에 고백하기는, 저희들의 교만을 용서해주시옵소서. 조금의 일을 하고서도 이름이 드러나기를 바라고, 남을 위해 한 방울의 땀이라도 흘리면 알아주기를 바라는 마음이 있음을 회개합니다.

하나님이 은혜는 밭고랑마다 비로 적셔지게 하셨고, 움을 트인 싹들마다 크게 자라 알곡들이 맺히게 하셨습니다. 적당한 햇빛과 바람에 가지마다 열매를 맺었습니다.

이로써 사람들이 추수의 즐거움을 누리게 되었으니 감사드립니다. 여호와의 손이 저희를 흥겹게 하셨으니 이 모든 것들은 다 주님의 것입니다. 영광을 받으시옵소서.

주님의 자녀로의 부르심과 택하심을 더욱 굳게 하시는 은혜를 내려 주시옵소서. 날마다, 순간마다 임마누엘의 신앙을 가지고 세상을 이겨나가게 하시옵소서. 성령님의 충만하심에 따라 능력을 받아 세상을 이기는 종들로 삼아주시옵소서.

주의 피로 값 주고 사신 교회를 위하여 기도합니다. 저희의 교회가 주님의 몸으로 합당하도록 은혜를 더하여 주시옵소서. 작은 일에도 충성하게 하시고 때를 얻든지 못 얻든지 전도하게 하시며, 주님의 나라가 확장됨을 기뻐하게 하시고 하나님의 의가 이루어지는 것에 감사할 수 있게 하시옵소서.

우리 주변에는 신음하는 이들이 많은데 이들을 위해 기도하겠습니다. 기아와 가난과 차별의 굴레에서 신음하는 이들을 위해 기도하겠습니다. 긍휼히 여기는 자는 복이 있다는 말씀을 기억합니다.

저희들을 지역사회 속으로 보내주시옵소서. 지역사회의 곳곳에 우리 교회의 지체가 들어가 있기를 원합니다. 구원받아야 할 세상 사람들을 위하여 잃은 영혼을 찾아가게 하시옵소서.

예수님의 이름으로 기도드립니다. 아멘.

11월 2주

주일찬양예배

감사절의 시간을 기다리며 지내게 하시는 하나님,
감사로 찬양을 불러도, 못다 부를 감사의 노래가 있게 하신 주님을 경배합니다. 범사에 감사하면서 지내오던 저희들에게 추수감사절을 지키게 하시니 기다리게 하시옵소서.
주님께서는 저희들의 마음을 들여다보고 계심을 압니다. 저희들이 지은 죄를 고백하게 하시옵소서. 주님의 뜻대로 산다하면서 그렇게 살지 못한 연약함을 주님께 드리니 이 시간에야말로 저희들의 심령을 새롭게 하시옵소서.
오늘, 저희들이 찬양을 올려드리는 제단이 형식적으로 만늘어진 것이 되지 않게 하시옵소서. 거저 받은 하나님의 은혜를 기억하여 드리는 감사의 축제가 되게 하시옵소서.
여호와의 손이 주님의 백성들을 창성하게 하셨음에 감사하여 머리를 숙입니다. 저희들이 여호와로 인한 즐거움에 찬송을 부를 때, 하늘에 가득하기를 소망합니다. 하나님의 도우심이 즐거움을 더하게 하셨으므로 추수하는 즐거움에 찬양으로 감사함이 넘치게 하시옵소서.
여호와의 백성을 위해서 말씀을 준비해 주셨음에 감사드립니다. 말씀을 선포하실 목사님께 영력을 더하여 주셔서 하나님의 구원하심을 보는 복된 시간이기를 원합니다. 이 시간에도, 예배를 위해 여러 모양으로 수종을 드는 종들에게 복을 내려 주시옵소서.

○○교회도 주님의 몸으로서 우리 자신을 사회에 내어 주어, 어두운 자리를 밝히게 하시옵소서. 그리고 그들에게 모자란 부분을 채워 주는 아름다운 교회로 만들어 주시옵소서. 이로써 세상에 대하여 하나님의 나라를 만들어 가게 하시옵소서. 우리 교회가 이 지역사회를 섬기는 종의 모습으로 함께 하게 하시옵소서.
주님의 교회에 부흥을 사모하는 열심히 있게 하신 줄로 믿습니다. 성령님께서 저희들에게 충만히 임하시어 부흥을 위하여 무릎을 드려 기도하게 하시옵소서. 또한 교회의 성장에 필요한 수고를 기쁨으로 감당하도록 은혜를 내려 주시옵소서.
예수님의 이름으로 기도드립니다. 아멘.

수요기도회

하나님 아버지,
금년에 저희 ○○교회와 성도들에게 베풀어주신 은총을 일일이 헤아리기 어렵습니다. 저마다 자기들의 삶의 자리에서 분주했었지만 감사하면서 찬양을 드리게 하시옵소서. 그리고 받은 복을 세어보면서 매일, 매일을 지내게 하시옵소서.
낮에는 구름을 펴서 덮개를 삼게 하시고, 밤에는 불로 밝히시는 은혜로 지내게 하신 은혜에 감사합니다. 이 백성을 위하여 예비된 은혜로 예수님의 삶을 더듬게 하심을 즐거워합니다. 시온에 계신 하나님께 찬양을 드리게 하시옵소서. 온전히 여호와를 영화롭게 해드리는 순간으로 이끌어 주시옵소서.
추수감사절을 맞이하는 기쁨을 누리며 지내지만, 사실, 주님의 이름을 부르노라니, 죄의 아픔이 앞을 가립니다. 용서해주시옵소서. 입으로는 예수님이 나의 주인이라 하면서도, 행실로는 제가 스스로 주인 노릇을 했음을 회개합니다. 용서해주시옵소서.
예수님을 더 깊이 알고자 십자가를 가까이 하지 않았던 삶을 고백합니다. 예수님께서는 우리의 범죄함을 위하여 내어 줌이 되셨는데, 주님의 십자가를 무시했던 죄를 용서해주시옵소서. 십자가가 죄인이었던 내가 의롭다 함을 얻는 것이었음에 감사하게 하시옵소서.
하나님의 말씀을 사모하게 하시옵소서. 지친 영혼에게 생명을 주시는 말씀을 기다립니다. 말씀을 들고 단 위에 서신 목사님과 함께 하셔서 능력의 말씀을 전하실 수 있도록 인도해주시옵소서. 저희들에게는 진리가 마음에 새겨져 열매를 맺게 하시옵소서.
하나님께서 저희들의 심령을 받으실 때, 그 응답으로 ○○교회의 가족들에게 치료의 은혜를 내려주시옵소서. 육체적으로 연약해지고, 지친 이들이 주님의 은총으로 나음을 믿습니다. 구원은 오직 주님께 있으니, 치료해주시는 은혜를 받게 하시옵소서.
아침과 저녁으로 도우셨던 여호와의 손길을 즐거워합니다. 이제, 저희들이 거두어들인 것들을 보면서, 감사하고 감격합니다. 하늘의 문이 열리고 위로부터 부요와 번성의 은혜가 나타나 이렇게 거두어들였습니다. 이제, 추수의 기쁨을 여호와 앞에서 즐기게 하시옵소서. 추수감사절의 축제를 기다리게 하시옵소서.
예수님의 이름으로 기도드립니다. 아멘.

11월 3주 - 추수감사절

주일찬양예배

추수감사절을 맞이해서 감사와 찬미를 드립니다. 하나님,
거룩한 자리에 다시 모인 ○○의 지체들이 주님을 찬양할 때, 이 자리는 하나님의 자녀들에게 기쁨이 있는 잔치의 자리가 되기 원합니다. 여호와 하나님을 즐거워하며 찬송할 때, 홀로 하나님께만 영광이 드려지게 하시옵소서. 사탄의 궤계가 틈을 타지 않게 하시옵소서.
알면서도 잠간의 이익 때문에 저지른 죄를 회개하게 하시옵소서. 또한 깨닫지도 못하는 순간에 저지르게 된 죄를 고백할 때, 더러워진 심령을 예수 그리스도의 보혈로 깨끗하게 씻어주시옵소서.
저희들이 담임 목사님의 기도 동역자가 되어서 성도들의 삶과 담임 목사님의 목회를 위해 간구하기를 소원합니다. 또한 이 땅에서 예수님의 사랑을 이웃에게 전하고, 복음을 전파하는 사명에 충성하는 ○○교회가 되기를 원하는 마음을 갖게 하시옵소서.
저희들 모두에게 절제의 생활에 힘쓰게 하시옵소서. 오늘, 저희들이 갖고 있는 모든 것이 주님께서 허락해 주셨으니 하나님의 뜻을 위해 사용하기 원합니다. 하나님의 마음에 합하게 쓰이게 되기를 원합니다. 하나님의 나라에 소망을 두고 보내도록 도와주심을 믿습니다.
마음이 아프게도 주일을 함께 해야 될 지체들이 보이지 않습니다. 오늘, 자신의 자리를 지키지 못한 이들을 불쌍히 여겨 주시옵소

서. 만일, 그들이 고통 중에 있거든 그 고통에서 벗어나게 하시고, 혹시라도 고난 중에 있거든 주님께서 함께 해주시옵소서. 그렇지만 자신의 유익이나 쾌락 때문이라면 어서 마음을 돌이키게 해주시옵소서.

○○의 지체들, 어떤 시련에서도 두려워하거나 당황치 않고 더욱 믿음의 담력으로 감당하는 은혜를 내려 주시옵소서. 이 어렵고 힘든 때에 교회는 주님의 향기를 잃지 않게 하시고, 더욱 힘써 그리스도의 향내를 나타내는 데 하나가 될 수 있도록 이끌어 주시옵소서. 성령님의 감동하심으로 우리를 인도하시는 아버지 하나님의 손길을 바라보게 하시옵소서.

예수님의 이름으로 기도드립니다. 아멘.

수요기도회

하나님 아버지,

하나님께서 참으로 하늘의 영광을 드러내셨으니, 훌륭하신 솜씨에 찬양을 드리면서 기도회의 한 시간을 가게 하시옵소서. 부요의 복을 누리게 하셨으니 찬양을 받으시옵소서.

그러나 저희들의 모습은 주님께 영광이 되지 못해 회개합니다. 여호와를 찬양하는 삶을 사는데 게을렀고, 고의적으로 순종하지 않은 행실을 불쌍히 여기시고, 죄를 용서해주시옵소서.

저희들이 여호와로 인한 즐거움에 찬송을 부를 때, 하늘에 가득하기를 소망합니다. 하나님의 도우심이 즐거움을 더하게 하셨으므로 추수하는 즐거움에 찬양으로 감사함이 넘치게 하시옵소서.

여호와께서 다스리시니 평안하였고, 여호와의 보호하심을 기다리니 즐거웠음에 찬양을 올려드리게 하시옵소서.

인생에게 허락하신 이 날과 생명을 하나님의 영광을 드러내는 일에 쓰여 지기를 원하여 기도하게 하시옵소서. 삶 속에서 늘 주님을 예배함을 습관으로 삼고자 기도하게 하시고, 삶을 주님께 맡겨서 주님의 인도를 따라 바른 길을 가도록 간구하게 하시옵소서.

주님의 ○○교회는 날마다 은혜로 풍성하게 해 주시고, 이 지역에서 영혼을 살리는 방주가 되게 하시옵소서. 저희들의 소원은 오직 하나, 불신자들에게 복음을 전하는 것이 되게 하시옵소서.

목사님을 단에 오르게 하사 말씀을 전하게 하셨습니다. 목사님께 성령으로 감동해주시고, 하나님의 뜻이 온전히 선포하시기를 원합니다. 저희들 모두는 순종함으로 듣고 '아멘'하여서 따르게 하시옵소서.

○○ 교회가 세상을 섬기도록 하셨음에 감사드립니다. 어려움을 당하여 고통에 노출되어 있는 이들을 교회적으로 돌아보게 하옵소서. 저희들이 좀 더 헌신해서 하나님의 사랑을 누려야 하는 이들에게 나누어 주게 하옵소서. 교회에서 관리하는 사회봉사 사역에도 더욱 헌신하게 하시기를 원합니다.

지금, 중한 병에 걸려서 이 자리에 모이지 못한 성도들이 있습니다. 병상에 누어서 꼼짝 못하는 안타까운 이들도 있습니다. 원하건대 이 시간에, 그들을 치료하시며, 살려 주시옵소서 병든 자들을 간병하는 가족들에게도 건강의 은혜로 강건하게 하시고, 여호와의 손을 바라게 하시옵소서.

예수님의 이름으로 기도드립니다. 아멘.

11월 4주

주일찬양예배

복의 근원이 되시는 여호와여,
믿음의 지체들이 오늘 주의 이름으로 다시 모이게 하시니 감사드립니다. 하나님은 지난 주간에도 저희들과 함께 하셨습니다. 오늘, 저희들은 서로를 사랑하면서 예배드리기 원합니다. 이 자리가 주님의 성령의 충만하여 하나님의 영광만이 선포되게 하시옵소서.
물고기는 자신이 물속에 있음을 잊지 않건만, 하나님을 잊고 지냈던 자신을 회개합니다. 자신의 욕심에 집착하여 도우시는 하나님을 잊었던 저를 용서해주시옵소서. 주님의 보혈로 깨끗하게 하시옵소서.
이미 오신 예수님의 생일을 축하하면서 또 다시 오실 예수님을 기다리는 저희들이 되도록 이끌어 주심을 믿습니다. 메시야의 약속이 이루어지던 날, 하나님의 아들은 초라하게 오셨지만 다시 오시는 예수님께서는 하나님의 영광 가운데 오시리라 믿습니다.
예배하는 시간마다 저희들에게는 성탄절이 되기를 원합니다. 구주가 오셨음을 찬양하면서 주님을 맞아드리게 하시옵소서. 이로써 주님께서 다시 오실 그날에, 영원한 생명으로 다시 살아나게 하시옵소서.
하나님의 말씀을 받게 하시옵소서. 목사님을 대언자로 세우셨으니, 저희들에게 선포될 메시지를 전하시도록 이끌어 주시옵소서.

설교를 준비하신 목사님께 성령의 감동하심이 있기 원합니다. 신령한 식탁으로 인하여 은혜를 누리게 하시옵소서.
주님의 세상에 오심은 하나님의 사랑이라고 깨닫습니다. 이웃과 마음을 같이 하여 신자이든, 혹은 아직도 불신자이든 그들에게 사랑으로 섬기고, 한 마음을 품게 하시옵소서. 그리하여 천국백성답게 오직 겸손한 마음으로 그들을 대하게 하시옵소서.
이 시간, ○○의 권속은 정직하여 공의를 일삼기를 다짐하게 하시옵소서. 우리의 입술은 진실을 말하며, 이웃에 대하여 참소하지 않겠다고 결단합니다. 죄성으로 인한 포악을 그치게 하시고 이웃을 훼방하지 않고, 복음으로 구원에 이르도록 돕게 하시옵소서.
예수님의 이름으로 기도드립니다. 아멘.

수요기도회

하나님 아버지,
영광을 하늘에 두신 여호와의 이름을 묵상합니다. 그 이름이 저희들에게 영원히 찬송의 주제가 되게 하시옵소서. 대림절을 보내는 마음에서 기도회의 한 시간을 갖게 하시옵소서. 저희들의 삶에서, 이 땅에 성탄절을 누리게 하는 기도를 드리게 하시옵소서.
부끄럽게도 저희들의 모습은 허물과 죄로 얼룩져 있습니다. 하나님의 영광을 구하지 못하고, 말씀에 따라 주님의 뜻을 이루어드리는 데도 실패했음을 회개합니다. 보혈의 은혜로 죄를 씻음 받게 하시옵소서. 성탄절의 의미가 죄를 용서 받음에 있다고 깨닫습니다.

대림절의 절기를 맞이하면서, 다시 한 번, 구원은 유일하신 하나님께만 있음을 믿게 하시옵소서. 하나님 외에 다른 신, 다른 곳에는 절대로 구원이 없음을 확신하게 하시옵소서. 하나님께서 아기의 모습으로 세상에 오신 은혜를 감사하며 기도하게 하시옵소서.

○○의 강단에서 생명의 말씀이 선포되게 기름을 부어주시옵소서. 오늘도 목사님을 단 위에 세우셔서, 하나님의 말씀을 들려주시니 감사합니다. 목사님의 음성으로 하나님의 말씀을 듣기를 원합니다. 말씀을 전해 주실 목사님께 성령의 능력이 더하시옵소서.

이제까지도 기도해 온 것은 교회의 부흥과 불신자들의 영혼을 구함이었습니다. 오늘도 이 일에 전 성도들이 자기를 드림을 결단하게 하시옵소서. 그리하여 하나님께서 이 지역에 교회를 세워 주신 의도를 이루어 가게 하시옵소서. 우리 교회를 통해서 이 지역의 불신자들이 구원을 받는 방주가 되게 하시옵소서.

이웃과 사회를 위해서 기도하는 시간을 갖지 못했음을 고백합니다. 이 땅에 늘어나는 강력범죄와 흉악범죄의 원인이 기도하지 않았기 때문임을 깨달아 회개하니 용서해주시옵소서. 이웃의 죄악을 품고 기도하겠습니다. 늘 우리의 악과 우리 조상의 죄악을 인정하여 기도하게 하시옵소서.

갈보리의 십자가가 떠올려질 때마다 주님을 생각하게 하시옵소서. 우리가 받아야 할 저주를 주님께서 받으시느라 십자가를 지셨습니다. 저주를 대신 죽음으로 받으신 예수님을 바라보게 하시옵소서. 십자가의 그늘 밑으로 다가가 구원의 은혜를 찬송하게 하시옵소서.

예수님의 이름으로 기도드립니다. 아멘.

12월 1주 - 대림절 첫째주일

주일찬양예배

대림절기의 첫째주일에 예배합니다. 하나님,
오직 하나님의 은혜로 살아온 지체들이라, 머리를 숙여 하나님을 경배합니다. 대림절의 절기를 맞이하면서, 다시 한 번, 구원은 유일하신 하나님께만 있음을 믿게 하시옵소서. 하나님 외에 다른 신, 다른 곳에는 절대로 구원이 없음을 확신하게 하시옵소서. 하나님께서 아기의 모습으로 세상에 오신 은혜를 감사하며 기도하게 하시옵소서.
믿음으로 드리는 예배를 받아 주시옵소서. 같은 생각, 같은 말. 같은 행동으로 우리 하나님께 경배하게 하시옵소서.
이 시간에, 주님의 사랑으로 하나 되지 못하는 저희의 모습을 고백합니다. 다 같이 하나님의 자녀들이라 말하면서도, 자신만 특별한 하나님의 자녀로 착각하는 어리석은 죄를 용서해주시옵소서.
저희들의 신앙은 하나님의 말씀에 근거를 두어야 한다고 깨닫습니다. 오늘도 하나님의 음성에 귀를 기울이게 하시옵소서. 말씀에의 기름 부음이 목사님과 저희들 모두에게 충만하게 하시옵소서.
목사님께서 온 몸을 바쳐 말씀을 준비하셨던 그대로, 저희들도 온 몸으로 받아 여호와의 율례를 좇으며, 규례를 지키게 하시옵소서.
저희들의 가정을 축복합니다. 사랑하는 ○○의 지체들마다 가정이 복 되게 하시옵소서. 주님께서 호주가 되어주시고, 생명을 창조하는 언어의 복이 넘치기를 소원합니다.

아름다운 가정을 지어내신 하나님의 말씀으로 영광을 나타내는 저희 식구들이 되게 하시옵소서. 아침마다 사랑과 칭찬의 대화가 풍성하여 복의 복이 창조되는 가정이 되게 하시옵소서.
저희들에게 성탄의 기쁜 소식을 주시니 감사합니다. 빛으로 오신 아기 예수님을 사랑하면서 성탄절을 맞이하게 하시옵소서. 죽을 수밖에 없었던 인생들에게 생명의 빛을 주시려고 오신 예수님을 맞이하는 저희들이 되게 하옵소서. 주님을 예배하면서 죽음에서 영생으로, 저주에서 영광을 옮겨진 은혜를 새롭게 하시옵소서.
예수님의 이름으로 기도드립니다. 아멘.

수요기도회

하나님 아버지,
이미 오신 예수님의 생일을 축하하면서 또 다시 오실 예수님을 기다리는 저희들이 되도록 이끌어 주심을 믿습니다. 메시야의 약속이 이루어지던 날, 하나님의 아들은 초라하게 오셨지만 다시 오시는 예수님께서는 하나님의 영광 가운데 오시리라 믿습니다.
죽을 수 밖에 없는 저희들을 사랑하시되 독생자 외아들까지 내어주심으로 죄 용서 받게 하셨으니 감사를 드립니다. 그리스도를 믿는 믿음 안에 살아갈 수 있도록 힘을 더하여 주시옵소서. 수요기도회로 모이도록 정하신 날에 하나님을 찾음으로 만족하게 하시옵소서.
저희들에게 기도하도록 모이게 하셨으니, 이 시간에 빌어야 될 것을 다 간구하게 하시옵소서. 저희들은 구해야 할 것들이 참으로 많습니다. 개인적으로, 교회적으로, 나라와 사회적으로 하나님께 구해야만 될 것을 다 여쭙게 하시옵소서. 하나님의 응답을 확신하여 간구하게 하시옵소서. 응답해 주심을 확신하는 기도를 누리게 하시옵소서.

중심을 보시는 여호와 앞에서 지난 시간에 저지른 죄를 고백합니다. 회개의 은혜로 인하여 사람들에게 드러나지 않았던 추악한 죄를 낱낱이 고백하게 하옵소서. 주님의 영광을 구하지 않은 죄의 행실을 용서해주시옵소서.

부르짖으려고 모인 심령에 하늘의 말씀을 먼저 주시옵소서. 굶주린 심령의 저희들에게, 진리의 말씀을 준비해주신 은혜에 감사드립니다. 목사님의 입술을 통하여 말씀이 대언될 때, 소생케 하시는 말씀, 새롭게 하시는 말씀의 선포를 기다립니다. 우리를 위하시는 하나님께서 말씀으로, 주저앉았던 저희들이 다시 일어나게 하시옵소서.

이 민족에 복을 내리시어, 복지국가가 되게 하시옵소서. 하나님께서 받으실 만한 정의로운 사회가 구현되게 하시옵소서. 하나님을 경외하여 민족적으로 회개하고 돌아오는 복음의 역사가 있게 하시옵소서. 저희들이 이 민족을 품고 기도할 때, 복음의 불길이 타오르게 하시옵소서.

주님을 만난 기쁨으로 저희들의 가슴이 충만해지게 하옵소서. 예수님을 구주로 믿고 살아가는 기쁨으로 저희들의 가슴이 벅차기를 소망합니다. 여호와께로부터 위로를 받은 저희들이오니 주 안에서 크게 기뻐하는 삶을 살도록 하시옵소서.

예수님의 이름으로 기도드립니다. 아멘.

12월 2주 - 대림절 둘째주일, 성서주일

주일찬양예배

주일을 성서주일로 지킵니다. 하나님,
성서주일에 감사로 예배하는 ○○의 지체들을 하나님의 나라와 영광에 이르게 하시옵소서. 하늘에서 내려지는 신령한 말씀으로 저희들을 새롭게 하옵소서. 성령님의 은혜로 자신의 잘못된 것을 버리는 즐거움을 얻을 수 있도록 하옵소서. 저희들의 심령을 지극히 은혜로우신 주님의 놀라우신 말씀으로 채우시옵소서.
하나님께 합당히 행하는 저희들이기를 빕니다. 창세 전부터 저희를 택하여 하나님의 백성이 되게 하신 것을 늘 기억하게 하시옵소서. 성령님의 거룩하게 하심과 진리를 믿음으로 구원에 이르기를 바라는 소망을 주시옵소서.
주님 앞에서 우리를 돌아 볼 때, 부끄럽습니다. 저희들의 추함을 고백하오니 주님의 십자가의 능력으로 용서해주시옵소서. 바리새인과 조금도 다름없었던 종교적인 신앙을 버리게 하시옵소서.
이 한 시간, 온전한 마음으로 하나님의 말씀을 받게 하시고, 하나님을 영화롭게 해드리는 찬양을 하게 하시옵소서.진리의 말씀이 넘쳐흐르는 강단을 통해 주님의 교회를 더욱 견고하게 세워 주시옵소서. 그 진리의 은혜로 하나님을 배우게 하시옵소서.
아기 예수님께서 세상에 오셨던 날을 기다리는 은혜로 인도해주시옵소서. 하나님께서 사람이 되신 의미를 깨달아 동방의 박사들처럼 예물을 준비하는 저희들이기를 빕니다. 죄인을 구원하시려는 하나님의 약속이 이루어졌으니 메시야의 영광을 기다리게 하시옵소서.

오래 전 옛날의 성도들과 같이 하나님의 약속을 기다리는 심정으로 지내게 해주시옵소서. 성탄절을 기다리면서, 성탄의 약속을 이루어주신 하나님의 사랑을 찬송하게 하시옵소서.

교만한 자를 물리치시고 겸손한 자에게 은혜를 주시는 하나님이심을 고백합니다. 지금, 저희들이 주님께로부터 사랑을 받는다하여 영적으로 교만해지지 않게 하시옵소서. 또한 게으름을 피우지 않게 하시옵소서. 사랑을 받음으로 더욱 열심을 내어 여호와를 찾게 하시옵소서.

예수님의 이름으로 기도드립니다. 아멘.

수요기도회

하나님 아버지,

12월의 시간에 하나님을 사모하는 ○○의 권속들에게 주님을 찬양하게 하시옵소서. 이 밤에도 우리 하나님은 하늘 위에 높이 들리시며, 그 영광은 온 세계 위에 높아지기를 원합니다. 이로써 온 땅이 하나님을 경배하고 여호와의 이름에 합당한 영광을 드리게 하시옵소서.

지난 시간의 발자취를 돌아볼 때, 부끄럽기 그지없습니다. 발람처럼 어그러진 길이었고, 요나처럼 거역하는 길이었음을 용서해주시옵소서. 갈보리 언덕의 십자가에서 쏟으신 주님의 피로 죄악을 씻어주시옵소서.

저희들 앞에 가로놓인 역경의 상황을 역전시켜 주시옵소서. 극한 고난에 처해 있던 욥의 상황을 역전시키시고, 그에게 갑절이나 복을 주신 하나님이 저희들의 하나님이심을 믿습니다. 하나님의 은혜는 저희에게도 그런 역전의 상황을 보게 하심을 믿습니다.

○○의 권속들 가운데 고난당하는 자들에게 상황을 역전시키는 은혜를 주시옵소서. 역전의 은혜가 저희들에게 열매가 되어 하나님께 영광이 되게 하시옵소서. 주님의 보혈이 세상을 이기는 능력이 되어, 저희들이 하나님께 합당하게 살게 하시옵소서.

마음과 성품 그리고 힘을 다하여 주님께만 이끌려지게 하시옵소서. 하나님의 말씀을 듣게 하시니 감사합니다. 목사님께서 대언해 주시는 말씀으로 여호와를 가까이 하고 그 계명을 지켜 순종함에 이르기를 소망하게 하시옵소서. 계명을 지키며, 심령의 어두운 눈을 열어 주님과 동행하는 삶을 살게 하시옵소서.

저희 교회가 부흥되게 하옵소서. 지역사회에 영향력 있는 그리스도의 소리가 되게 하여 주옵소서. ○○ 교회에 마음과 뜻과 정성을 다하여 주님께 예배하는 주의 백성들이 넘쳐나게 하시고, 주님께 대한 헌신과 봉사가 살아있는 교회가 되게 하여 주시옵소서.

하나님의 이름을 경외하는 환우들에게 공의로운 해가 떠올라서 치료하는 광선을 비추어지는 은혜를 구합니다. 질병의 고통을 통해서 주님께로 더 가까이 가도록 하시옵소서. '여호와라파'의 하나님을 기다리는 지체들에게 치유하시는 하나님의 은혜를 내려주시옵소서. 이로써 고통의 시간, 환난의 시간을 큰 위로로 삼게 하시옵소서.

예수님의 이름으로 기도드립니다. 아멘.

주일찬양예배

공의를 펴시는 하나님,
성탄절을 기다리면서 주님을 만나 경배하려는 사모의 마음을 주셨음에 찬송합니다. 주님은 인류를 구원하시기 위해 오셨으니, 성탄절을 맞이하면서 구원함에 이르는 날로 삼게 하시옵소서. 인류를 죄악과 저주로부터 구원하시려고 스스로를 버리신 주님의 사랑에 감격하게 하시옵소서.
예수님 안에서 믿음과 소망과 사랑으로 살게 하시니 감사드립니다. 이 시간의 예배가 향기로운 제물이 되게 하시옵소서. 비록 작고, 주님의 영광에 미비하다 할지라도 저희들을 받으시옵소서.
저희들의 모자라기 그지없는 모습을 주님께 내어 놓습니다. 저희의 죄를 십자가의 보혈로 씻어 주시옵소서. 하나님께서 지으신 날을, 하루하루 또는 시간 시간을 아무 생각 없이 거저 되는대로 살아온 저희들입니다 사유하시는 은혜로 용서하시고, 정결함을 주시옵소서.
강단에 세워주신 목사님의 설교 말씀을 생명의 양식으로 받아 심령이 배부르게 하시옵소서. 그 말씀으로 새 생명을 얻은 기쁨 속에 살아가는 저희들이 되게 하시옵소서. 말씀의 성찬이 베풀어진 거룩한 시간에 온 몸으로 주님께 영광을 드리게 하시옵소서.
이 시간에, 하나님의 너그러우심이 ○○의 지체들에게 있기를 빕니다. 안타깝게도 곤궁에 빠져있는 지체는 어서 속히 일으켜 주시옵소서. 사람으로서는 어찌 해보기 어려운 곤란에 처한 지체들에게는 하나님을 소망하게 하시옵소서.
저희들에게 성령을 선물로 주셨으니, 성령 안에서 하나 되는 교회가 되기 원합니다. 하나님의 은혜를 나누며, 무엇을 하든지 하나 되어 주님의 몸을 이루게 하시옵소서. 지금, 저희들에게는 예수님의 사랑이 있으니 이 사랑으로 한 몸이 되게 하시옵소서.
○○교회에 복음을 선물로 주신 은혜를 생각합니다. 저희들의 생명을 살리시려고, 각자의 심령에도 복음을 주셨음을 믿습니다. 이제, 이 지역과 온 세상을 향해서 이 복음을 전하게 하시옵소서.
예수님의 이름으로 기도드립니다. 아멘.

수요기도회

하나님 아버지,
하나님의 아들이 사람이 되심으로써 저희들에게 새롭고 산 길로 걷게 하셨음을 묵상합니다. 새 포도주는 새 부대에 담는 것처럼, 저희들의 심령이 변화를 받아 주님을 모시고 살아가게 하시옵소서. ○○의 지체들이 새 사람을 입었으니 하나님의 형상을 좇아 지식에까지 새롭게 하심을 받는 자 되게 하시옵소서.
메시야의 약속이 이루어지던 날, 하나님의 아들은 초라하게 오셨지만 다시 오시는 예수님께서는 하나님의 영광 가운데 오시리라 믿습니다. 주님의 이름이 주시는 기쁨으로 저희들뿐만 아니라, 이 지역에서 사는 이들이 생수를 마시는 은혜를 보게 하시옵소서. 복음을 전할 때, 말씀을 믿고 따르는 이들이 있도록 하시옵소서.

저희들의 죄를 주님의 피로 씻어주옵소서 대림절을 보내면서 갈보리의 십자가를 바라보아야 하였건만, 살아가는 일로 분주했었습니다. 알게 혹은 모르게 주님의 영광도 가로챘습니다. 이러한 어리석음을 보혈의 은혜로 깨끗케 하여 주시옵소서. 주님의 일도 소중하지만 먼저 하나님을 사랑해야 하는 것을 놓치지 않게 하시옵소서.

땅의 것으로 분주했던 저희들, 하늘의 말씀을 듣게 하시니 감사드립니다. 그 말씀으로 하늘에 속해 있는 저희들의 신분을 확인하게 하시옵소서. 이 시대를 향한 주님의 음성을 담아내기 위해서 말씀을 전하시는 목사님께 성령으로 충만하게 하시옵소서. 강단에서 선포되는 주님의 말씀이 저희를 비추는 거울이 되어 주시기 원합니다.

○○의 지체들에게 이웃을 향해서 자비를 베푸는 삶을 주시옵소서. 예수님의 사랑이 저희의 가슴과 가슴을 이어 주시기를 원합니다. 성령의 충만하심으로 온 지체들이 한 몸을 이루는 경험을 누리게 하시옵소서. 하나님의 사랑이 닫혀 진 마음을 열어 주실 줄로 믿습니다.

저희들의 공동체가 사랑으로 하나 되게 하시옵소서.

이제, 모든 것을 믿으며, 참으며, 바라면서 하나를 이루게 하시옵소서. 이 땅에서 지내는 동안에 주님께서 십자가를 지시고 흘리신 보혈로 한 지체가 되었음을 늘 기억하게 하시옵소서. 십자가의 사랑으로 한 몸이 되기를 소원하게 하시옵소서. 하나님 아버지도 오직 한 분이심을 고백하는 공동체가 되게 하시옵소서.

예수님의 이름으로 기도드립니다. 아멘.

12월 4주 - 대림절 넷째주일

주일찬양예배

영화로우신 이름의 주여,

아기 예수님의 나심을 기뻐하며 마음으로 엎드려 경배합니다. 하나님의 아들이 죄인들의 구원을 위하여 찾아오신 날은 참으로 기쁜 날입니다. 동방의 박사들이 별을 따르던 여행길의 경험을 주시옵소서.

성탄절을 기다리면서 예수님의 세상에 오셨음을 반가워하는 OO교회에 은혜의 물결이 흐르게 하시옵소서. 저희들에게 십자가를 가까이 함으로 말미암아 목마르지 않고, 하나님께서 형통의 길로 인도해 주심을 기다리게 하시옵소서.

지금, 저희를 용서해주시옵소서. 교회 안에서는 주님을 사랑하노라 고백하고, 생활현장에서는 눈에 보이는 것에 마음을 내어주는 저희들이었습니다. 이제, 독생자를 보내주신 사랑, 대속의 은총으로 저희의 죄를 용서해 주시기 원합니다.

하나님의 말씀에 마음을 모읍니다. 성탄절의 메시지를 준비하신 목사님을 성령님께서 함께 해주시옵소서. 저희들이 받아야 하는 하나님의 말씀을 대언하시게 하시옵소서. 하나님 앞에 엎드려 말씀을 들으려는 겸손함을 주시옵소서.

오늘, 저희들에게 메시야의 오심이 인류에게 구원이 선포되었음에 대한 복음의 기쁨을 확인하게 해주시옵소서. 하나님의 아들이 우리를 위하여 사람이 되셨음을 기쁨으로 맞이하게 하시옵소서.

이 기쁨을 모든 이들에게 선포하는 날로 성탄절을 지키게 하시옵소서.
하나님의 아들이 오셔서 구원을 이루신 소식을 아직도 죄 아래 있는 이들에게 전하게 하시옵소서. 거룩한 성탄절이 죽어가는 이들에게 복음을 전하는 날이 되도록 해주시옵소서.
예배를 마치고 일어설 때, 구원의 문이신 주님께로 들어가서 은혜를 누리는 저희들이 되게 하시옵소서. 주님과 더불어 지내는 중에, 들어가며 나오며 꼴을 얻는 은혜를 보게 하시옵소서. 목자의 음성을 듣고 따르는 양들이 되어 즐거움을 누리게 하시옵소서.
예수님의 이름으로 기도드립니다. 아멘.

수요기도회

하나님 아버지,
성탄절의 거룩한 시간에 찬양을 드리며 경배합니다. 하나님의 아들이 저희들에게 오셨음에 감사하며 하늘의 하나님께 영광을 드리는 한 시간이 되게 하시옵소서. 하나님이 사람의 모습을 갖고 이 땅에 오신 기쁨을 서로 나누면서 예배로 영광을 드리게 하시옵소서.
말할 수 없이 어리석게 살아온 시간들을 고백합니다. 하나님 앞에서 둔감한 양심으로 살아 죄를 멀리하지 못하였던 삶을 고백합니다. 이 모든 것들은 나의 유익만을 앞세운 나머지 더러워진 마음에서 비롯된 삶이었음을 회개하오니 용서해주시옵소서.
하나님의 아들이 우리에게 오셨음을 기뻐합니다. 아기 예수님의 나심으로 저희들에게 구원을 선물해 주셨음에 감사드립니다. 성탄절에 우리를 위하시는 하나님의 사랑을 찬양하는 입술을 주시옵소서. 예수님의 이름을 사랑하게 하시옵소서.

이번 성탄절에는 세상에 오신 주님의 사랑으로 저희들을 이웃에게로 가게 하시옵소서. 하나님께서 그 아들을 저희들에게 주셨듯이, 저희들의 손에 있는 것을 들고 이웃에게로 가서 섬기게 하시옵소서. 정녕 사랑은 자신의 것을 내어주는 것이라 깨닫습니다.

오늘도, 하나님의 말씀을 받아 주께 힘을 얻고, 마음에 시온의 대로가 열리게 하시는 여호와의 은총을 기다리게 하시옵소서. 위로와 소망의 말씀을 주시려고 목사님을 강단에 오르게 하신 줄로 믿습니다. 사랑하는 종에게 대언의 영으로 충만하게 하시옵소서.

교회를 찾는 모든 심령마다 십자가의 예수 그리스도를 만나기를 원하게 하시옵소서. 가슴을 찢는 회심과 그리스도의 피소물로 그 십자가의 감격을 머리가 아닌 가슴으로 체험하는 영적 부흥에 도전하게 하시옵소서. 이로써 저희들의 삶이 제사로 드려지는 역사를 바라게 하시옵소서. 십자가 아래에서 공동체가 되게 하시옵소서.

메시야가 오신 말씀을 통해 하나님의 사랑을 체험하게 하시옵소서. 성탄절을 기다리는 저희들을 복되게 하옵소서. 이미 아기 예수님으로 오신 그 날을 기뻐하면서, 세상을 심판하시는 주님으로 오심을 기다리게 하시옵소서.

아버지 하나님 앞에서 자녀 된 청지기로 살기를 원합니다. 지혜의 청지기로 살게 하시옵소서. 복음의 청지기가 되게 하시옵소서.

예수님의 이름으로 기도드립니다. 아멘.

12월 5주 - 송년주일

주일찬양예배

송년주일을 맞이하여 경배합니다. 하나님,
주님의 도우시는 은혜로 52주일을 거룩하게 지킬 수 있었습니다. 저물어 가는 한 해, 하나님은 저희들에게 좋으신 아버지셨습니다. 하나님의 손길이 함께 하셨던 그동안의 일들을 감사하게 하시옵소서. 지금은 찬양으로 베풀어주신 은총에 응답하게 하시옵소서.
하나님의 사랑을 누리며 살던 저희들이기에 예배를 즐거워하여 모인 모임이기를 원합니다. 믿음으로 드리는 예배로 이끌어 주시기 원합니다. 저희들의 기도와 찬송이 하나님께 합당한 영광이 되기 원합니다. 주님께서 이 자리에 임하셔서 만나 주시옵소서.
저희들의 죄를 뉘우치며, 회개하오니 용서해주시옵소서. 이 시간에, 저희들이 살아온 삶을 뒤돌아보며 회개합니다. 사람들의 눈초리와 비판을 두려워하면서도, 하나님의 불꽃같으신 눈초리는 생각하지도 않았습니다. 부끄러운 삶을 회개합니다.
이제까지와 같이 오늘도 강단에서 말씀이 선포될 때, 마음의 문을 활짝 열어주시옵소서. 말씀을 전하시는 종, 전해진 말씀을 받는 저희들, 모두에게 하나님을 만남을 원합니다. 목사님의 설교를 통해서 주님의 십자가로 죄의 문제가 해결되었음을 확인하게 하시옵소서. 천국의 백성으로 살아가려는 다짐을 하게 하시옵소서.
주님께서 병든 자들을 불쌍히 여기셨을 때, 고침을 받았던 이들의 역사가 지금, 질병으로 고통에 처해있던 이들의 것이 되게 하시옵소서. 신체의 각 일부가 떨어져 나가는 것 같이 아픈 고통을 완화시켜 주시옵소서. 불쌍히 여겨주시고, 치유의 기적을 보게 하시옵소서. 하나님은 저희들에게 '여호와라파'이십니다.
주님의 말씀에 순종하여 하나님을 사랑하고, 이웃을 사랑하는 일에 힘쓰게 하시니 감사합니다. 주님께로부터 거저 받은 시간이므로, 그 시간의 일부에 하나님을 영화롭게 해드리게 하시옵소서. 오직 착한 행실을 통해서 주님을 영화롭게 해드리기를 사모하게 하시옵소서.
예수님의 이름으로 기도드립니다. 아멘.

수요기도회

하나님 아버지,
이 시간에, 머리를 숙인 지체들에게 저희들의 마음을 하나님께 주목하게 하시옵소서. 우리를 복 있는 사람이 되게 하시려는 하나님의 은혜에 감사하여 하나님의 말씀을 청종하는 은혜를 주시옵소서. 우리 자신의 의를 세우려고 신앙생활에 열심을 내지 않게 하시옵소서.
지난 한 해 동안에 교회의 성도들에게 나타났던 여호와의 은혜에 감사합니다. 그 은혜로 저희들 모두가 나의 형제요 함께 수고하고 함께 군사 된 자로 주님을 섬기게 해 오셨음을 기억하게 하시옵소서. 저희들 각 사람이 하나님께 꼭 필요한 사람으로 드려지기를 결단하게 하시옵소서.
저희들의 죄를 고백합니다. 주님의 피로 깨끗이 씻어 주시옵소서.

착한 일을 하면서 하나님께 영광을 돌리도록 하는 삶을 살아야 하였으나, 그렇지 못하였습니다. 유혹을 이기지 못하고, 쾌락에 마음을 빼앗겨 주님께서 미워하시는 일도 저질렀음을 고백하오니, 용서해주시옵소서.

오늘, 저희들을 구원해주시는 하나님의 은혜를 보여 주시옵소서. 자기 백성에게 자비를 베푸시는 아버지의 은혜를 기다리게 하시옵소서. 저희들을 압제하는 고난과 에워싼 고통을 벗겨 주시옵소서. 어려움과 고난에 빠져 염려하거나 좌절하지 않게 하시옵소서.

강단에서 선포되는 하나님의 말씀을 기다립니다. 목사님께서 전해주시는 말씀으로 구원과 소망이 하나님에게서 나옴을 체험하도록 하시옵소서. 회중은 그 말씀에 응답해서 오직 하나님의 뜻이 저희들의 삶을 통해서 드러나도록 하려는 열심을 주시옵소서.

이 땅에 맡기신 선교의 사명을 사랑하게 하시옵소서. 복음이 땅끝까지 전해지기를 원하셔서 성령을 보내신 주님의 뜻을 깨닫게 하시옵소서. 천하보다도 귀한 생명을 구원하는 일에 헌신하는 저희들로 삼아 주시옵소서. 이로써 생활 속에서 전도자로 지내게 하시옵소서.

새해에 새롭게 해주실 하나님의 은혜, 새해에는 이전보다 더욱 넘치게 하실 하나님의 손길을 생각하기 전에 회개의 시간을 주시옵소서. 저희들 각 자와 저희 OO 교회가 감당해야 될 일들을 다하지 못한 죄를 용서해주시옵소서. 저희들 자신과 함께 살아가는 이웃들로부터 하나님의 자녀임이 증명되는 삶을 소원하게 하시옵소서.

예수님의 이름으로 기도드립니다. 아멘.